'씰'코칭

Creative Image Language COACHING

창의 CREATIVE · 이미지 IMAGE · 언어 · 문제해결 PROBLEM SOLVING

장 태 규 지음 / 씰CIL연구소

"잠자는 DNA를 공감하라, 창의적 문제해결이 시작된다!"

C.I.L Academy
창의이미지언어로 리딩하라

To.

From.

본 교재는 세상밖으로 밀려난 소외청소년들의 균등한 교육의 기회를 마련하는
[Fair Start 공정한 출발선] 캠페인을 위해 제작되었습니다.

교육의 목표 찰(察)하기

목차 | CONTENTS

목차 | CONTENTS

부록 : 씰 테스팅 - 창의성(언어, 도형) 질문지

PROLOGUE...... 씰CIL은 인간의 '공감'을 코칭한다!

공감은 호흡이 긴 깨달음

뭐 하는 분이세요? 물으면 '나는 교육학자입니다'라고 답한다. 그러나 어릴적 열심히 공부한 기억보다는 밤늦도록 친구들과 온 동네를 뛰어다니며 놀이에 집중한 시절을 고백하며 <공감>의 이야기를 시작한다.

어린 시절 생각을 하면 동네 친구들과 해가 질 때까지 무엇을 하고 놀까? 고심하며 열심히 <놀play>방법을 생각하고 하루하루를 보낸 것이 지금 얼마나 소중한 자산이 되었는지 모른다.

하루하루 다양한 에피소드로 저장된 기억들은 창의적인 상상력이 필요할 때, 나의 공감을 견고히 만들어주는 '상상도서관'이 되었다. 이제 특이하고 선례가 없었던 미래 교육에 과학적이며 철학적인 체계를 통해 일상의 불편한 문제들을 발견하고 공감하며 이해된 관점으로 창의적인 문제해결 방법을 습득하는 교육모델을 소개하고자 한다.
대한민국은 4차 산업혁신의 디지털시대에 전환기를 맞이하여 다양한 분야에 창의성을 기반으로 전문직종들이 만들어지고 없어지기를 반복한다.
변화의 빠른 가속화 속에서 중요하게 생각되는 것은 개개인의 창의성이 유연하게 드러나는 문제해결역량이 있느냐? 없느냐이다.

무엇이 문제인지 인지하지 못하여
직면하지 못하는 일.

문제의 해결방법이 무엇인지 찾지 못하여
방향성을 갖지 못하는 일.

문제해결을 못해 성취경험의 부족으로
자신감과 성장이 멈춰버리는 일.

씰 아카데미에서는 인간의 창의성과 일상의 해결해야 할 문제를 잘 관찰하는 역량을 습득하여 핵심단어 <공감>을 배움의 중심에 놓고 <씰교육>을 진행한다.

일상의 불편한 생각(아이디어)들이 가정과 학교와 회사에서 끊임 없이 일어난다. 불편함을 발견하지 못하고 지나치는 것보다 갈등과 문제로 인식, 이것을 효과적으로 해결하는 방법을 찾아야 한다.

 낯선 것을 통해 본질을 파악하는 일은 익숙한 일상에서 벗어난 생각과 감정과 행동을 찾는 것이다. 우리는 익숙한 것에 특별한 생각을 행(行)하지 않는다. 새로운 차이를 드러내는 정보와 지식환경을 만났을 때, 비로소 우리의 뇌속에 새로운 혁신이 감돈다. 그런 이유로 개인의 역량을 발전시키기 위해서 의식적 혹은 무의식적으로 새로운 시각을 갖고 환경에 도전하는 창의적 관점을 이끌어내고 그것을 통해 반복되는 삶의 공감을 만들어야 한다.
 그러나 우리의 공감은 어떤가? 하루에도 셀 수 없이 본능적으로 타인의 생각과 감정과 행동에 공감하지만, 만족스럽지 못하고 오히려 속 좁은 공감이 되거나 갈등을 유발한다.

비대면 수업이 많아지는 초, 중, 고등학교와 대학의 강의 환경에서 교수와 학생은 점점 더 강의내용을 어떻게 공감시키고 받을 것인지 고민한다.

왜 그럴까?
공감은 〈본질 사고와 깨달음〉을 필요로 한다.

 공감의 의미들이 내게 어떤 의미인지 직면해야하고 그 경험을 통한 정리가 무엇을 향하고 있는지 깊게 사유되면 깨달음의 '놀람'이 감정을 불러내서 고개를 끄덕이게 한다. 이것이 공감이다.
 공감의 깨달음이 있는 배움은 호흡이 긴 배움이다. 바로 외우고 암기한 것을 곧 잊어버리는 교육과는 다르다. 공감은 눈에 보이는 것만을 중요하게 가르치는 배움에서 잘 드러나지 않는다. 우리의 삶에 중요한 것들은 대부분 쉽게 눈에 보이지 않는 것이 많다.

 〈씰아카데미-기본편〉의 교육목표는 낯선 것과의 조우를 통해 생각과 감정과 행동의 문제를 발견하고 다양한 관점으로 이해하며 해결하는 방법을 습득하는 것이다.
 이를 위해 간단한 사고유발 체험으로 뇌에 자극을 주고 굳어 있던 사고를 유연하게 해주는 씰코칭을 시작으로 인문고전의 주제 문장에서 핵심단어들을 찾아내고 그 단어들을 이미지로 표현하여 상징적인 의미들을 찾고 일상에서 어떻게 적용하며 공감하는지에 대한 학습을 정리한다.
 이미 우리의 배움은 논리적 언어를 표현하고 사용하는 데 익숙해져 있다. 의식적으로 새로운 관점에 도전하지 않으면 우물안에 안주하게 된다. 씰교육의 시각적인 이미지언어는 사고를 교정하고 내면화시키는 긍정적 경험을 갖게 하여 스스로 성장시키고 혁신을 만들어 내는데 도움을 준다.

잠자는 DNA를 깨워 새로운 배움을 시작하라!

인간의 몸 안에는 50조 개의 세포가 있다. 그 세포 속에는 막으로 둘러싸인 핵이 있고 그 핵 속에는 유전자라는 약 30억 개의 막대한 정보가 들어있다. 약 1만 권의 책에 해당하는 분량인데 그 속에는 <이럴 때는 이렇게 작동하라고>하는 지시 정보도 있다. 이 세포 하나하나는 각각의 무늬를 갖고 있으며 살아 움직이는 하나의 독립체이다. 그래서 과학자들은 인간을 하나의 사람이라기보다 거대한 소우주를 품은 공동체라고 말한다.

레오나르도 다빈치는 가장 가까이에 있는 사람에게 관심을 가지라 했다. 이것은 우주에 관심을 갖는 것과 같다고 말했다.

몸 안에 수많은 세포는 강력한 힘을 지닌 축소판 공장과도 같다. 인간의 생각과 감정과 행동의 작업이 잘 진행되는 데 필요한 지시 사항들을 몸 안에서 어떻게 작동할까?

DNA는 4개의 염기(아네닌(A), 구아닌(G), 씨토신(C)과 티민(T)이 결합한 것으로 이중 나선상으로 되어 존재하며 A는 T와 G는 C와 각각 쌍을 이룬다.

모든 지시는 각각의 세포 가운데 자리한 DNA와 핵속에 담겨 있다. 이처럼 DNA는 개인의 특성들(눈 색깔, 코의 모양, 심리적인 성향, 공감능력 등)에 관련된 모든 정보를 함유하고 있다. 우리의 DNA는 부모 개개인의 DNA가 조합된 것이므로 흔히 유전자 정보의 매개체하고 부른다.

2020년 제92회 아카데미 시상식은 우리 영화와 영화인의 우수성을 세계에 알린 또 다른 혁신의 쾌거로, 대한민국의 구성원으로서 뿌듯함과 동시에 역사에 또 하나의 획을 그었다. 영화를 꿈꾸었던 사람들은 세계의 각종 영화제를 보면서 언젠가는 우리도 그 무대를 밟고 호령하며 자신이 수상자로 호명되는 기쁨과 영예를 누리고자 하는 마음을 가득히 가졌을 것이다.

그런데 그 가능성을 봉준호감독이 열어주었고 이제 영화를 꿈꾸는, 예술을 사랑하는 이 시대의 청소년들에게 새로운 가능성이라는 동기를 열게 해준 것이다.

프리미어리그, 분데스리가 등 축구경기나 메이저리그에서 국위선양을 하는 이 시대의 젊은 우상을 보면서, 각종 경쟁분야에서는 절대 뒤지지 않는 DNA를 갖고 최선을 다하는 한국 선수들이 하나, 둘 등장한다.

우리 한민족의 5천년 역사 속에서 언제 이처럼 경제, 사회, 문화, 스포츠 각 측면에서 세계의 모든 사람과 당당히 어깨를 겨루며 주도적으로 힘을 보여주고 있었는지 모를 정도이다. 더나아가 성과를 얻기 위한 개인의 각고의 노력도 물론 중요했겠지만, 주변의 환경이 충분히 뒷받침해 주었기에 우수한 성과를 얻었을 것으로 풀이 된다.

PROLOGUE....나는 인간의 공감을 코칭한다!

개인의 노력과 환경의 조화가 어우러져 각자의 분야에서 최선을 얻고자 주어진 여건에 대한 불평과 불만을 표출하기보다는 끊임없는 성장의 모멘텀을 얻고자 하는 동력을 변화로 삼았기에 뿌듯한 결과를 얻었을 것이고 그 결과에 우리 모두 열광하고 있는 셈이다.

이러한 성과에 대해 우리 청소년들은 어떠한 생각과 관점으로 받아들여야 하나? 해당 결과에 대해 단지 우수한 성취도를 이룬 점에 손뼉을 치는 사람이어야 할까 아님. 나도 그러한 가능성이 있다는 전제를 열어 두는 게 좋을까?

아마도 이들 모두 청소년기를 거쳐 갔으며 그 시절에도 엄청난 도전을 경험했을 것이다. 포기하지 않았던 경험이 지금의 성공의 길로 누적되었을 것이기에 이 시대를 살아가는 우리 청소년들도 성공할 수 있는 1%의 DNA를 찾고 성장시키는 노력이 필요하지 않을까 생각해 본다.

구스타프 칼 융(스위스 정신분석학자)은 인간은 태어나면서부터 전체성을 갖고 태어난다고 말했다. 지구상에 살아 있는 모든 생명은 완전히 동일한 암호를 사용하며 살아간다. 대장균에서 인간에 이르기까지 모든 생명체는 동일한 원리에 의해 움직인다는 것이다. 그 기본단위는 세포이지만, 세포의 작용은 유전자에 의해서 결정되고 유전자는 동일한 원리로 작동된다.

그래서 인간은 풀과 나무를 보고 평온함을 느끼며 개와 고양이를 만나면 친근함을 느끼는 것이다. 모든 생물의 기원이 하나인 친족 형제이기 때문이다. 그러한 이유로 인간은 세상의 모든 것들에 대해 공감하고 그 느낌에 대한 스토리텔링을 가질 수 있다.

칼융(Carl Gustav Jung) 의사, 심리학자. 1875~1961) 은 인간의 공감무늬를 집단무의식으로 정리했다. 집단무의식은 이미 태어나기도 전부터 내 몸속에 있는 습관과 버릇, 나와 관련된 알 수 없는 익숙하거나 불쾌한 성향들, 내가 배우지 않았는데 지닌 것을 포함한다.

그는 이런 공감의 무의식을 조직화하지 않으면 내 몸 안에 괴물같은 그림자를 갖고 살아가는 원시인과 같다고 말했다.

4차 산업혁신의 환경은 전문화된 인공지능의 출현으로 지금까지의 인간의 역할과 기능에 대한 변화를 요구한다. 인간만이 갖고 있는 고유한 것을 찾아 끄집어 내야한다.

이를 위해 집중해야할 미래의 배움으로 클라우스 슈밥(다보스 포럼 회장)은 4가지의 핵심단어<영혼, 정신, 마음, 몸>을 강조하였다.

인간의 몸속에 있는 DNA는 인간의 성취를 독창적으로 성장시킬 수 있게 해석해주는 객관적 증거.

자신도 모르는 1%의 성공 DNA를 찾는데 집중하자!

세상에 완벽한 인간은 없다. 수많은 세포의 모양이 만들어내는 인간의 무늬는 같을 수 없고 개개인마다 다른 정보를 갖고 있다. 이것을 인정하고 공감하는 능력이 인간에게 허락될 뿐이다. 인간의 정서지능과 영감지능, 신체지능은 인간만이 갖고 있는 DNA의 무늬처럼 고유한 것이다. 자신도 알지 못하는 다양한 기능들을 깨워 4차 산업혁신의 환경을 주도하는 신(新) 성장동력으로 집중해야 한다.

갈등과 문제를 발견하고
이해하고 해결하는 핵심역량

<씰 아카데미>의 12주 기본 코칭은 학습자의 <느긋함을 즐기는 능력>, <위험을 감수하는 의지>, <공감능력>, <실행력>, <주의력>, <정서적 안정>, <정서적 안정>, <소리>, <자기애>의 심리적인 정보를 기반으로 문제와 갈등을 발견하고 공감하며 해결하는 창의적 관점을 높인다.

가정과 학교와 직장에서 청소년과 직장인, 혹은 기업의 리더들에게 다양하게 유발되는 갈등과 문제들에 대해 효과적인 대처방법들을 연상하게 해주는 상상과 공감에 필요한 창의역량의 핵심단어 <유창성, 융통성, 독창성, 정교성>의 카테고리를 정리하고 이것과 연결된 대인관계, 의사소통, 갈등조절, 문제해결, 집중력, 공감능력, 성취동기와 연결된 문제해결 능력을 높이는 것에 목표를 둔다.

기본과정의 12주간 주요 커리큘럼은 첫단계에서 점, 선, 면, 이미지, 숫자를 활용하여 창의적 사고를 유발시키는 여러 가지 연상방법을 경험한다.
다음단계는 깊이있는 인문고전의 주제문장(공자, 노자, 니체, 손자병법 등)과 이솝우화의 짧은 글을 활용하여 핵심단어와 핵심문장을 찾아가는 토론을 진행한다.

다각적인 사고의 확장, 글을 이미지로 떠올리는 생각찾기의 연관성을 훈련하는 <씰> 코칭방법은 문제해결에 필요한 본질사고를 자신의 관점으로 바꾸는 것에 흥미를 갖게 한다. 자신의 관점을 바꾸는 흐름은 인간이 기본적인 교육을 배우고 일상을 알아가는 데 꼭 필요한 심미적 역량을 향상시킨다.

최종단계의 씰교육은 사회적 인간으로써 접속하고 네트워킹하는 다양한 관계의 조직공동체에서 공감의 균형으로 문제와 갈등을 해결고 타인과 세상을 배려하는 신(新)동력이 미래의 창의적인 리더로 안내할 것을 믿는다.

향후 다가올 미래는 많은 변화와 혁신이 있을 것이다. 그 미래는 다음 세대가 살아야 할 일상이다. 혁신의 변화 앞에서 우리는 사람에게서 발전과 성장의 답을 찾아야 한다. 인간의 영혼과 정신과 마음과 몸을 느끼고 배울 수 있는 공감으로 미래를 준비하였으면 하는 바람을 가진다.

이번 <씰 아카데미> 12주 교육과정이 자신을 알고 타인의 심리를 소통하는데 필요한 공감의 흥미와 이해를 깊게 하는 데 도움이 되기를 바라며 자신과 관련된 다양한 문제와 갈등을 발견하고 이해하며 해결하는 창의적 관점을 습득하여 디지털 대전환기에 미래사회를 이끄는 리더가 되기를 바란다.

FOUNDATION STEP

창의이미지언어로 리딩하라!
C.I.L. Academy

창의성 & 척도

지피지기(知彼知己), 나를 알고 상대를 알면
백 번 대화해도 위태롭지 않다.
지행합일, 즉 지식과 실천이 함께 해야 한다는 깨우침
상대가 듣고 싶어 하는 이야기를 해라!
그리고 상대의 눈높이와 마음을 헤아린다.
진리는 하나여도 언어의 적용은 사람에 따른다.
상대가 귀하게 여기는 것을 주라!
몸과 언어로 상대의 장점을 꺼내고 가진 것을 칭찬하라!
그러면 공감이 온다.

새로운 시대의 창의성은 새로운 척도를 기다린다!

산업혁신의 디지털 인공지능 시대에 인간이 겪는 다양한 갈등과 문제들의 욕구는 단순한 서비스로는 해결되지도 만족스럽지도 않고 공감력도 떨어진다. 문제를 발견하고 이해하는 관점과 해결하는 역량들이 현재의 창의성으로 나의 몸통을 만드는 배움이 필요하다.

▍ 창의성 정의

○ Guiford(1950)는 창의성이란 새롭고 신기한 것을 만드는 힘으로써 창의성의 산출물을 강조.

○ Taylor(1988)는 창의성은 특정한 목적을 갖고 모인 집단에 의하여 지속적이고 유용하고 만족스러운 것으로 받아들여진 신기한 작품을 만드는 과정이라고 정의.

○ Torrance(1962)는 정상적인 인간이면 누구나가 가져야 할 일반적인 지적 특성들로서 창의성이란, 어려움과 문제를 감지하고 정보에서 틈을 찾아내고 빠진 요소나 잘못된 무언가를 찾아내 이러한 결함에 대해 추측과 가설을 세워 그 추측과 가설을 평가, 검증하며 이것들을 재수정하고 재검정하여 마지막으로 그 결과를 알리는 과정

○ 창의성을 일련의 과정으로 본 Basadur(2004)는 '지속적으로 문제를 찾고, 새로운 조직의 해결책을 창조하고 실천하는 것으로서 이러한 제반의 과정

○ Woodman과 Swayer, Griffin(1993)은 창의성을 '복잡한 사회적 시스템 내에서 개인이 가치 있고, 유용한 제품, 서비스, 아이디어, 절차 등을 창출하는 것'

○ Amabile(1997)은 개인의 창의성을 분석하여 조직구성원의 전문성과 창조적 사고능력, 내재적 동기 수준에 의해 창의성이 결정.

○ Urban(1995)은 창의적 사고의 기능이란 창의적 사고 과정에서 요구되는 '~을 할 수 있는 힘'을 개인에게 요구되는 인지적 능력으로서 인지적 요인으로 나누어 설명하였으며 창의적 사고의 기능에 대하여 약간의 견해의 차이가 있지만 공통적으로 주요인에 대해 유창성, 융통성, 독창성, 정교성을 일반적으로 들고 있음.

○ Sternberg Lubart(1991)는 모호함에 대한 인내심, 끈기, 새로운 경험에 대한 개방성, 위험을 기꺼이 감수하고자 함, 자신에 대한 확신과 믿음의 용기를 말함.

○ Terman(1965)은 목적, 달성의지, 열등감과 정서적 긴장으로부터 자유, 정신적· 사회적 적응에 대한 강한 충동, 자신감 등을 일컬음.

○ 임선하(2000)는 창의성을 자발성, 독자성, 집착성, 정직성, 호기심 등을 말함

○ Amabile은 창의성 요인을 창의적 수행에 영향을 미치는 요소로 영역, 창의성, 과제·동기, 창의적 환경 등 4가지를 제시

○ Sternberg & Lubart는 창의성이란 해결해야 하는 문제(problem), 과정(process), 산출물(product), 개인의 성격(person), 환경(environment)의 4PE요인이 상호작용하여 나타나는 것으로 정의.

○ Isaksen과 Treffinger(1985)는 창의적 문제해결이란 문제 이해, 아이디어 산출, 행동 계획 및 실행의 3단계를 거치면서 수렴적 사고와 확산적 사고가 작용하여 창의적이고 생산적 사고가 일어나는 문제해결의 과정. 여기서 창의적이고 생산적 사고는 지식 기반, 동기, 상위 인지적 통제를 기반으로 창의적 사고와 비판적 사고 기능을 활용하여 이루어지는 것으로 구조화.

○ 윤원희(2006)은 창의적 문제해결이란 문제해결과정에서 다양한 요인이 역동적으로 상호작용하여 문제해결에 유용하면서도 독창적인 산출물 또는 해결책을 만들어 내는 것으로 정의.

○ 박인숙(2010)은 창의적 문제해결을 문제 해결자가 이전에 접해보지 못한 문제를 새롭고 적절하게 해결하는 것이라고 정의.

○ 박지은(2013)은 잘 정의되지 않은 문제, 창의적 문제, 현실 세계의 문제를 해결하려 할 때 필요한 것이 창의적 문제 해결력으로 보았음.

○ Feldhusen과 Treffinger(1983)는 창의적 능력 중 유창성, 융통성, 독창성과 같은 능력은 실제적이고 복잡한 문제를 해결하는 행동과 분리될 수 없고, 창의성과 문제 해결을 하나의 복합적인 개념으로 규정하였음.

○ Lubart(1994)는 창의적 문제해결 과정에는 새로운 해결책을 얻기 위해 일반적 문제 해결 과정에는 없는 특별한 활동이나 단계가 있는 경우도 있음.

○ 창의적 문제 해결 과정에서는 수렴적 사고와 확산적 사고가 순환되어 반복되는 과정을 거치면서 학습자가 가진 기존의 지식이 재구성되어 문제를 해결해 나감(Mumford, 1991).

○ Rogers(1961)는 "창의성이란 하나의 새로운 결과를 유발하는 행동의 출현이며, 개인의 특성과 그 개인을 둘러싼 사건, 사람, 자료, 생활 및 여러 상황 등에서 생성되는 과정"이라고 했고, 이러한 과정을 찾는 동기가 자아실현의 경향성에 미치는 영향력

■ 결과적으로 보면 창의성을 구성하는 요인이나 의미는 특별한 창조적 능력을 말하지만 이러한 능력을 결정하는 데에는 여러 가지 요인이 복합적으로 관계되어 있음.
따라서 이러한 변인과 의미를 복합적으로 고려해야 함.

창의성의 구성요소

○ Isaksen과 Treffinger(2000)의 창의적 문제 해결 모형요소 하위 단계

① 도전 과제를 이해하기(understanding thechallenge) : 기회 구조화하기(목표, 도전 과제, 기회를 확인하고 선택하기), 데이터 탐색하기(과제에 대해서 다양한 측면을 고려하여 탐색하기, 문제의 틀 짜기(가능성 있는 문제를 만들고, 문제의 진술을 선택하거나 구성하기)

② 아이디어 생성하기(generatingideas) : 새롭고 특이하고, 적절하며 잠정적인 생각, 가능성을 확인하는 다양한 아이디어 생성하기

③ 활동을 위한 준비(preparing for action) : 해결법 발달시키기: 잠정적인 가능성을 실험하고, 해법을 형성하기, 수용하기: 해법을 탐구, 모니터링, 수정하기 등의 요인이 포함

○ Sternberg & Lubart(1991)는 모호함에 대한 인내, 끈기, 새로운 경험에 대한 개방성, 위험을 감수함, 자신에 대한 확신과 믿음

○ 양재혁 외(2004) 개념화, 변화지향, 상상, 심미성, 독창성

○ 박병기, 강현숙(2006) 독창성, 유창성, 융통성, 정교성, 상상력, 지식

○ 노영희, 김경철, 김호(2006)는 유머, 융통성, 독창성, 상상력, 탈규범성, 몰입, 개방성, 모험추구, 자기 확신, 독립성

○ 오상진(2011) 민감성, 유창성, 융통성, 독창성

○ 송인섭과 김혜숙(1999)의 연구에서는 암묵적 접근을 통해 창의성의 주요한 내적 구성요소를 추출하고, 구인의 내적 구조(인지적 측면과 정의적 측면)을 탐색 : 인지적 특성(유창성, 융통성, 독창성의 세 차원), 정의적 특성(호기심, 흥미다양성, 관심있는 일에 대한 몰두, 개성, 특이선호, 탈규범/모험성, 개방성 등)

○ 이정은(2001)은 일반인의 암묵적 척도 : 상황판단력, 자기 주관, 독특/독창성, 관습탈피, 적극성, 호기심, 새로움 추구, 탐구행동, 자기주장 등 9개 요인, 전문가의 암묵적 척도 : 계획성/노력, 독특성/새로움 추구, 빠른 문제해결 시도, 지적 교류, 지적 추구 활동, 가족의지지, 외골수성, 모험추구성향, 조화 추구, 관습탈피, 변화수용, 낙천성, 문제인식력, 목표 설정 등 14개 요인

○ Cropley(1990)은 창의성과 관련된 성격 특성으로 유연성, 개방성, 자율성, 유머, 쾌활함, 기꺼이 다시 시도하기, 아이디어의 정교성, 현실적인 자기 평가 등

○ 칙센미하이(Mihaly Csikszentmihalyi)는 이와 같은 다양하고 복합적인 특징을 가진 개인적 성향은 과제 집착력과 집중력, 동기 유발, 개방성.모호성에 대한 인내로 구분

① 과제집착력과 집중력 : 주제, 대상, 상황, 산출물에 집중하는 능력, 안정적 속도, 지구력, 집착력, 선택하는 능력, 열정 등

② 동기 유발 : 새로움에 대한 흥미, 호기심, 지식과 탐구에 대한 욕구, 의사소통, 자기 실현화, 헌신, 책임감, 외적 동기, 도구적 이익이 포함

③ 개방성과 모호성에 대한 인내 : 실험하는 것, 즐기는 것, 위험 감수에 대한 적극성, 비추종성, 자율성, 유머, 역행하거나 여유를 가지는 것 등이 포함

■ 사람들은 다양한 능력을 가지고 태어나지만, 성장을 할수록 사회적인 제약을 받아 창의성 발현 가능성이 감소된다. 사회가 인간이 사고하는데 걸림돌이 된다면, 새로운 사고나 획기적인 변화, 발전을 기대하기란 어려움. 설령 기존의 규칙을 거스르는 아이디어라 해도 그것을 받아들일 수 있는 열린사회나 사고야말로 창의성을 독려하는데 필요한 요소가 된다. 창의성은 인지적 요소 및 개인적 성향의 구성요소가 서로 역동적으로 작용할 때 효율적으로 발휘되기 때문임. 따라서 창의성 발현요소는 특정의 요인이나 내용만으로 국한되기 보다는 어떠한 관점으로 생각을 표현하게 하고 이를 집약하여 결과를 만들고 그 결과를 성과를 얻고자 행동으로 표출하게 하는 가의 노력과 연계되어 있을 수 있다고 보는 것이 타당하다.

창의성은 **개인이 가지는 특성**에 국한되는 것이 아닌 **환경 및 사회문화적 맥락**과의 **상호작용**을 통해 산출, 발전된다는 점에서 개인의 능력과 함께 창의성은 비단 개인의 능력에만 국한되는 것이 아닌, 창의성을 발휘하는 모든 맥락과 외부 환경을 고려하는 가운데 **다양한 요인들이 복합**적으로 작용되기 때문에 이를 종합화하는 노력이 필요하다.

창의성의 평가는 문제해결의 영역에서 보다 중요하게 작용하는데 실생활에서 발생하는 **문제 상황**을 창의적으로 해결하기 위해서는 **아이디어 생성** 못지않게 문제해결에 사용하는 **아이디어를 평가**하는 것도 중요하다.

▌ 창의성의 진단요소

1)개별성과 관계성은 본질적으로 어느 쪽이 더 좋거나 나쁜 것은 아니며, 대인관계 맥락에 포함된 다양한 요인들의 조합에 따라 순기능적으로 작용하거나 역기능적으로 작용. 개별성이 요구되는 맥락이나 그러한 특성을 선호하는 사회문화적 환경에서는 개별성이 순기능적 역할을 할 것이며 관계성의 경우도 역시 마찬가지이다.

2)일상적 창의성이 높은 사람들이 개별성과 관계성 구조의 어떤 관련성을 갖고 있는지는 창의성과 대인관계 성향 및 성격에 관한 연구에서 그 함의점을 찾을 수 있다.

3)창의적인 사람들은 타인과 논쟁을 잘하거나 반사회적인 면이 있으면서도 사회에 잘 적응해 나가는 모순적인(paradoxical) 특성을 가지고 있다. Gardner(1993)는 다양한 연구를 통하여, 창의적인 사람들은 자신감(self-confidence)이 과하여, 자기중심적인 성향을 보이고, 자기도취(self-absorbed)에 빠져, 타인에 대한 배려가 없이 전적으로 자기 일에만 전념하며, 이들은 주변 환경에 적응을 못하지만, 모험심이 강해, 어려운 일에서는 적극적인 태도를 보인다고 하였다. 한편 Nabi(1979)는 창의적인 사람들은 독립적이며, 자율적인 반면 Williams 및 Pool과 Lett(1977)는 창의적인 사람은 복종적이고, 협동심이 강하다는 반대 의견을 제시하기도 하였다.

4)자아실현과 창의적인 성격간에도 강한 관계가 있는 것으로 조사되었으며 (Buckmaster & Davis, 1985), 고창의적인 학생들이 저창의적인 학생들보다 정서 안정 불안정 척도에서 정서적으로 안정된 것으로 나타났다(Verma & Sinha, 1981).

5)이와 같이 창의성은 지능의 요인처럼 개인의 모든 영역에 기저를 이루며 다양한 영역에 고루 영향을 미치는 일반적이며 공통적인 능력을 의미하기 때문에 특정의 지식이나 그 지식을 활용하는 재능과 특질만으로 파악해서는 곤란하다. 그래서 본 논의에서는 이러한 재능을 기반으로 창의성을 발현하는 힘과 이러한 힘을 억제하지 않고 균질하게 바라보는 시각의 다원성을 갖고 행동에 옮길 수 있도록 하는 능력까지도 창의성의 범주에 포함하고자 하였다.

창의성역량의 모형개발을 위해서는 접근의 차별성이 전제되어야 한다. 창의적 사고가 있다고 하더라도 이를 발현하게 하는 자신과 주변의 환경적 요소와 상황, 더 나아가서는 그 결과의 활성화를 유지하게 하는 분위기까지도 적극 고려할 수 있어야 한다. 이러한 조건을 충족하기 위해서는 적어도 창의성 요소를 단순한 창조물, 창의적 속성, 창의적 능력의 수준을 넘어선 복합적이고 총체적 특성을 재구성하는 노력이 필요하다. 이러한 점을 다음과 같이 구성해 보고자 한다.

첫째, 창의성의 차이에 따른 접근을 한다면 각각의 내용별로 어떠한 의미가 필요하며 각각의 행위를 폭넓게 하기 위한 지식적 특성에 기반을 두어야 한다. 사실 이러한 지식은 인지적 사고력을 보완하는 핵심요소이다. 메타인지적 관점에서 본다면 창의적 인간은 다른 사람에 비해 더 많은 지식을 알고 그 지식을 운용할 수 있는 힘이 기본적으로 갖추어져야 한다. 곧 지식의 포괄성을 대전제로 한다는 점이다.

둘째, 정의적 관점에서는 창의성은 그 행위를 이루게 하는 동인이 있어야 한다.

셋째, 창의적 역량의 핵심요소로서 아무리 적절한 지식과 태도, 기능적 수준을 적절히 갖추었다고 하더라도 역량의 행위적 가치를 발현하도록 하는 것은 행동(behaviors)라고 할 수 있다. 이러한 행동은 사실은 지식과 기술이라는 것이 모두 포함되는 것이기는 하지만 사람에 따라서 구체적인 행동으로 표현되는 것은 다른 문제일 수 있다. 예를 들면 통상적으로 말할 때 창의에 대한 이해나 인식수준은 결코 낮다고 할 수 없을 것이다. 그런데도 창의의 문제가 계속 되풀이되는 이유는 지식과 이해의 관념적 수준에 실천적인 행위로 발현되지 않는 행동지표의 저열성에 있을 수 있다. 따라서 창의성 역량을 측정함에서는 지식과 기술의 관점 즉 정의적 영역도 중요하지만 이를 실제 구현해내는 행동적 측면의 지표나 수준의 적절성이 매우 중요하다.

① 인지 능력으로 보는 관점 : 창의성을 **지적 능력**의 한 특성으로 간주함으로써 창의적인 사고를 강조하는 입장임. 길포드(Guilford)는 창의성을 인지적 능력으로 보면서 **확산적 사고**와 **문제해결 능력**(수렴적 사고 포함) 모두를 포함시키고 있음. 그는 창의성을 새롭고 독특한 해답을 유창하고 융통성이 있으며 면밀하게 구체화하는 창의적 사고력이라고 정의하면서 문제에 대한 **민감**성, 사고의 **유창성**, 사고의 융통성, 사고의 독창성, 사고의 정교성' 등을 중시함.

② 창의성을 하나의 과정으로 보는 관점으로 어떤 문제나 자극을 당면한 사태에서 **시작하여 해결**해 나가는 인지적 또는 정의적인 과정으로 보려는 것이다. 문제해결과정이나 정신적 과정으로서 보는 입장에는 그레엄 월러스(Graham Wallas, 1858)의 창의적 산출 단계설, 존 듀이(John Deway)의 문제해결 사고 단계설과 듀이(Deway)의 사고 단계설에 기초한 오스번(Osborn)의 창의적 문제해결의 단계설 그리고 앤더슨(Anderson)의 창의적 수준에 관한 모형 등이 있음

③ 창의적 결과를 중시하는 경우는 조각품이나 물리적 발명과 같은 구체적이고 확실한 대상에서부터 창의적 잠재력이 표현된 것으로서의 리더십이나 교육적, 사업적인 자질 같은 불확실한 것에까지 걸쳐져 있음. 가장 자주 거론되어 왔던 창의적 결과로는 **문제에 대한 해결책**, 창의성 검사에서 반응, **새로운 방식**의 디자인 등임. 창의성의 결과는 창의성의 본질로서 인식되는 경향이 있지만, 창의성의 본질은 무엇으로 보느냐와 연결되는 것임

창의적 문제해결

■논리사고요소
개념, 정의,
판단, 추리

■문제발생요인

 -문제는 현실과
이상에서 차이가
생길 때 인식

 -이상에 도달할
  수단을 모를 때

■정답은 찾는
  것이 아니라
  만드는 것

■파인만
  문제해결방법
-문제를
  종이에 적고
-생각하고
-답을 적는다.

[창의력과 문제해결의 프로세스]

수직적 사고는 한가지 정답을 찾을 때 순차적으로 여러 단계를 거치는 특성 으로 수평적 사 고는 수직적 사고의 단계별 상호 작용을 한다고 본다. 반대로 수평적 사고는 여러 가지 대안 으로 확산하는 사고지만 이 사고를 논리적인 순차적 단계를 거쳐 분석하고 검증하여 한가지 해결안을 추구하는 것이 수직적 사고라는 사실도 이해한다.

<상황을 분석하라>

*문제해결의 단계별특징(읽고, 그리고 연상하고 토론)을 정확히 이해한다.
*단계별로 분석하고 종합하는 사고능력(원형,병렬,통합,초월)을 훈련한다.

<문제를 분명하게 정의하라>

*원인을 찾아 개선영역을 확인한다.
*보이지 않는 내부의 본질적인 문제를 정리하고 해야 할 과제를 찾는다.

<목표를 설정하라>

*문제해결과 의사결정에 있어서 왜 목표가 필요한가?
*목표에는 어떤 종류가 있는가? 어떻게 설정하는가?

<해결안 결정>

*다양한 방법으로 아이디어를 모은다.
*발굴한 아이디어에서 최적안을 찾는다.

<실행과 사후대책>

*실천에 옮기기 위한 실행 계획을 작성하는 요령
*실행계획을 세워 구체적으로 실천한다.

▌창의적 사고의 유발원리

■ 무엇을 더해서
  혁신적 발명이
  된 것들

■ 무엇을 빼서
  혁신적 발명이
  된 것들

■ 곱해서
  혁신적 발명이
  된 것들

■ 나누어서
  혁신적 발명이
  된 것들

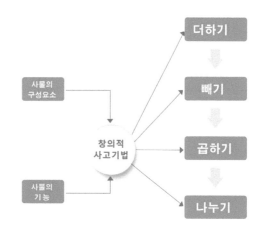

[창의사고의 유발원리]

　창의적으로 사고하는 네가지 기본 원리는 간단하다. 유치원에서 배웠거나 초등학교 산수시간에 배웠다면 누구든 그 원리와 규칙을 알고 응용할 수 있다. 우리의 가장 큰 고정관념은 산수시간에 배운 것은 산수시험에만 쓴다는 것이다.

＊ 남의 아이디어를 비판하지 않는다.
＊ 아이디어의 정교성은 나중에 다듬는다.
＊ 가능한 많은 아이디어를 찾는다. (유창성)
＊ 이미 나온 아이디어들을 결합, 융합하는 개선을 권장한다.

<문제해결을 위한 2단계 적용>

＊ 문제를 반드시 해결하겠다는 의지를 갖는다.
＊ 분석적인 사고와 창의적인 사고를 한다.
＊ 사실을 근거로 생각한다.
＊ 다양한 시각으로 바라본다.
＊ 가설을 세우고 검증을 해본다.
＊ 감정의 늪에 빠지지 않는다.
＊ 문제해결의 중심에는 소통이 있다.
＊ 원하는 결과를 명확히 그린다.
＊ 실패(리스크)를 두려워하지 않고 도전한다.

FOUNDATION STEP

C.I.L. Academy

창의이미지언어로 리딩하라!

씰코칭......몸 & 언어

몸 & 언어

인간의 은밀한 신체 부위다.
그 가운데 가장 부드럽다.
연인끼리 수시로 자극을 주고받는다.
외부 자극엔 거침없이 반응한다.
인간의 몸과 언어를 연결하며
흥분, 황홀, 희열 등을 통제한다.
이곳은 과연 어디일까?

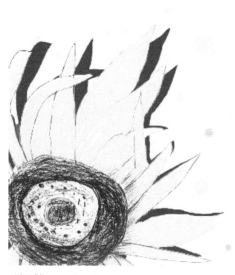

씰코칭∗Creative Image Language

답을 주지 말고 질문으로 유도하는 언어와 몸을 가져라!

타인의 요구와 지시로 하는 일은 쉽게 피곤함을 주고 스트레스를 받는다. 삶속에 행복을 느껴야하는 업무에 무리수가 생기는 것이다. 스스로 마음에서 우러나서 하고 싶은 일이 무엇인지 묻고 찾아야 한다.

몸(身)에 대한 이해

나는 어떤 몸을 갖고 있는가! 책을 읽으면 어떤 상상을 하는가? 이미지를 보면 어떤 상징을 연상하는가? 떠올린 상상과 연상된 상징을 어떤 언어로 소통하고 내 일상에 문제를 해결하는가? 또한, 이것을 일상에 실천하는가?

일상에서 뜻을 전달하기 위해 어떤 언어를 쓰는 몸을 갖고 있는가를 알아가는 것이 공부다. 요근래 청소년들과 청년들은 몸에 관심이 많다. 유튜브 영상을 보면 몸과 관련되어 건강을 관리하는 내용들이 대부분을 차지한다. 이런 관심들은 점점 더 세분화되어 간다. 눈과 코, 턱 등의 부위별 성형에서 가슴, 배, 엉덩이 등으로 이어지고 몸을 관리하기 위한 건강음식으로 연결된다. 건강음식에 대한 관심인지 요즘엔 <먹방> TV프로그램이 많다. 맛있는 것을 먹거나 살을 빼는 식단으로 단식을 하는 내용이다. 그러나 인간의 기본적인 속성은 어떤 것에 만족하여 멈추게 하는 것에 소극적이다. 몸은 스스로 끊임없이 변화하고 성장하려고 내부를 살핀다. 하루에도 셀 수 없이 나의 세포들이 죽었다가 살아나기를 반복한다. 외형적인 나는 동일하나 어제의 내 몸이 오늘의 나는 아닌 것처럼 말이다.

어떤 부분의 몰입과 배움의 역량을 집중해서 자극하였느냐에 따라 뇌에서 인식하는 것이 달라지고 그것에 맞는 세포들이 생성되어 우리의 몸은 어제와 다른 내가 되어 간다. 성형을 통한 <몸 가꾸기>는 만족을 모르는 인간의 본성 때문에 <멈춤>을 모르는 지속적 성형으로 몸을 망치게도 한다.

내 몸에 맞는 언어를 찾아라!

배우지 않으면 어두운 밤길을 빛없이 가는 것과 같다. 어느 순간 어느 상황에서도 자유롭게 움직일 수 있는 내 몸을 갖는 것이 공부의 목표이다. 의학과 역학의 상생술에는 몸과 지혜를 함께 성장시키고 소통해야 아프지 않다는 <통즉불통>이란 말이 있다. 결국, 인간의 배움은 나를 다스리는 인(仁), 의(義), 예(禮), 지(知), 신(信)을 배우고 이후에 천지(자연)와 소통하는 몸을 만들어야 한다. 이를 위한 3가지 방법을 소개한다.

첫째는 걷거나 뛰는 몸의 언어이다.

요즘 사람들은 잘 걷지 않는다. 동네 마트나 짧은 거리의 외출도 자가용을 운전해서 나간다. 모든 기운이 하체쪽에 있는 아이들과 청소년들이 마음껏 뛸 수 있는 장소도 별로 없다. 어떤 무직의 26세 여성은 어느날 무엇을 할까 고민하다가 동네를 걷고 뛰기 시작하면서 유명해진 강사가 되었다. 서울이라는 도시는 도무지 사람을 걷게 만들지 않는다. 거대한 서울도시는 어디든 버스와 지하철이 연결되어 있어서 하루에 만보를 걷기가 쉽지 않다. 에너지가 넘치는 여자 후배는 경보와 마라톤을 한다. 그 고생스러운 것을 왜 하냐고 물었다. 그녀는 걷고 달리다 보면 복잡한 문제가 정리되고 잡스러운 생각들이 사라진다고 했다.

둘째는 소식(小食)하는 몸身 만들기다.

■우리 뇌는 모든 정보를 공평하게 대하지 않는다. 고정관념에 들어맞는 정보는 선뜻 수용한다. 편안하기 때문이다. 그렇지 않은 정보는 무시하고 배척한다.

음식을 덜 먹어야 한다. 뉴욕에 가보면 날씬한 여성들도 많지만, 걷는 것도 제대로 할 수 없을 정도로 뚱뚱한 젊은이들을 종종 본다. 어떤 조사발표에서는 인간의 비만 원인을 접시의 크기라고 말했다. 그러고 보니 뷔페나 대형식당, 패스트푸드, 레스토랑에서 사용하는 접시들의 사이즈가 크긴 하다. 여백의 미를 견디지 못하는 인간의 속성은 큰 접시에 음식을 가득 채우고 몇 번을 먹는다. 음식을 조절하는 다이어트의 어려운 문제 중 하나는 야식(夜食)이다. 현대인들은 밤늦게까지 일을 한다. 밤에는 잠을 자야하는 데 열심히 일하고 공부한다. 쉼을 가져야하는 밤에 뇌를 쓰니 금방 지친다. 그러니 배가 고프고 또 먹는다. 교양있게 전통차나 몸에 좋은 티tea를 마시지 않는다. 기름으로 튀긴 치킨이나 족발, 떡볶이, 튀김 등은 우리 몸에 무리수를 준다.

셋째는 담론(談論)하는 몸만들기다.

인간은 하루에 일정부분 '말(言)'하는 에너지를 써야 한다. 말은 혼자 할 수 없다. 말은 듣는 상대가 있어야 한다. 누군가와 만나야하고 접촉을 해야 한다. 노인이 되면서 친구가 없고 말하는 시간이 줄어들면 치매가 온다. 가볍게 생각할 일이 아니라 치열하게 말할 공동체와 공간을 만들어야 한다.

그런데 현대인들은 말하지 않고 손가락만 움직인다. SNS 메신저로 모든 소통을 한다. 심리학자들은 하루에 써야하는 '말'을 하지 않으면 우울증이 생기고 폭력적이 된다고 경고한다. 마음껏 말하고 받아주는 공동체가 필요하다. 어린 아이들은 조잘조잘 시끄럽고 말이 많아야 한다. 그런데 너무도 조용하다. 5살이 된 아이들이 눈을 부릅뜨고 핸드폰이나 아이패드의 영상을 본다. 있는지 없는지 조차 알 수 없다. 가족모임에 어린아이의 생명력은 기쁨과 웃음을 주는 존재인데 그런 존재감은 없다. 너무나 예쁜 손녀를 보고 할아버지는 손녀의 이름을 부른다. 그러나 손녀는 짜증을 내며 눈길도 주지 않고 아이패드의 영상을 본다.

독서 토론은 일상의 내 배움을 말로써 사용할 수 있는 유일한 공간이다. 사람에게서 새로움을 느낄 수 있는 좋은 방법이다. 시를 낭독하고 고전을 읽고 느낀 점을 글로 쓰고 소개하는 반복은 건강한 몸을 만드는 지름길이다. 내면의 마음을 보지 못하는 사람들은 물건과 사람에게서 쉽게 싫증을 느낀다.

가문(家門)에 흐르는 저주를 차단하라

인간은 유전적으로 태어날 때부터 갖게 되는 가문의 환경적인 것들이 있다.

그것이 감정적인 것일 수도 있고 생각과 행동적인 것일 수도 있다.

첫째, 폭력적 행동이 갖고 있는 언어다.

가정폭력을 당하며 자란 아이들이 성인이 되어 폭력적이 된다는 것은 심리학에서 이미 여러 방향으로 검증된 사실이다. 할아버지의 유전적인 폭력이 아버지에게 전달되고 아버지의 폭력적인 성향이 다시 아들과 딸에게 전달된다. 폭력은 몸의 또 다른 언어이다. 말로 할 수 있는 것에 한계를 느낄 때, 다른 언어인 폭력을 쓰는 것이다. 그것 외에 쓸 언어가 없는 것이다. 이것은 가정에서 학교로 직장으로 확대되어 그림자를 갖게 한다.

둘째, 음식이 갖고 있는 몸의 언어다.

어릴적 어머니는 왜 그렇게 음식을 짜게 하셨을까? 김치찌개도 그렇고 된장찌개도 그렇고 원래 그 음식은 그런 맛으로 먹는 건가보다 생각한 때가 있다. 오랜시간동안 그 맛에 익숙해진다. 자극적인 맛에 몸이 익숙해지면 싱겁게 먹기가 참 어렵다. 음식의 강한 맛으로 만들어진 몸은 생각이나 감정이 급하고 자극적일 수 있다. 아주 매운 것을 좋아하는 사람은 우리가 보통 '화끈하다'라고 말한다. 반대로 싱겁게 먹는 사람은 왠지 에너지가 없어 보인다고 생각한다.

할머니의 음식 맛이 곧 어머니의 음식 간이 된다. 달거나 맵거나 짜거나 하는 것들이 주는 몸의 병을 만병의 근원이라 한다. 결혼하고 가정을 갖게 되면 아내가 해주는 새로운 맛으로 음식을 먹게 된다. 간이 다른 음식은 가정의 갈등이 된다. 시어머니의 간섭, 남편의 요구가 생긴다. 그러나 새로운 가정을 만들기 위해서는 독립적인 것이 생성되어야 한다. 그것에 실패하면 가정이 다시 <대물림> 될 뿐이다.

셋째, 생각이 갖고 있는 유전적 언어다.

생각의 유전적 요인은 여러 가지가 있겠지만, 고정관념에 대해 언급한다. 어릴적 부모의 생각은 자녀의 생각에 영향을 준다. 거의 전부와 같다고 할 수도 있다. 가정에서 일어나는 일에 대해서 혹은 학교를 다니면서 직면하는 문제들에 대해서 해결의 의견을 묻는 사람이 부모이기 때문이다. 특히 아버지의 말씀은 절대적이어서 대부분의 결정들이 그 생각으로 내려진다. 도박이 주는 몸의 언어가 있다.

넷째, 도박, 게임을 하는 유전적 언어다.

어떤 가정의 청소년은 도박을 하는 아버지의 몸통을 환경으로 갖고 성장한다. 어릴적부터 도박과 게임에 관련된 갈등과 문제들로 익숙해진다. 어떤 일이든 모두가 나쁜 일은 없는 합리화로 도박도 어떤 관점으로 바라보느냐에 따라 긍정적인 면들이 있을 수 있다고 생각한다. 이런 판단들이 어릴적부터 뒤섞여 일어난다. 나는 절대 도박은 하지 말아야지 하면서 본능적으로 하게 된다.

어릴적 자녀를 키우는 부모의 생각언어가 어떤 환경을 만들어주느냐가 중요하다. 인간은 누구나 불완전한 자아를 갖고 태어난다. 프랑스의 정신분석학자 자크라캉은 이미지속에 사로잡히는 아이들을 향해 <거울이론>을 말했다.

인간은 불완전한 세상의 이미지들을 언어로 결합하는 증상에서 자아를 소외시키고 부정적인 환각을 가지며 왜곡하는 자아로 지식을 증가시킨다. 획일화된 고정관념이나 왜곡된 생각들이 마음속에 들어가게 되면 그와 관련된 모든 증상과 행동이 신체(자아)속에서 빠져나오지 못하게 된다.

다행이 자녀가 독립성을 갖고 야성을 잃지 않아서 자기주장을 하고 성장하여 가정을 벗어나 사회생활을 하기 시작하고 공감하는 지식과 지혜를 갖게 되면 어느날 부모의 생각에 고정관념이 있다는 것을 알게 된다.

그러나 그때쯤이면 부모를 이해하는 것은 <고정관념>이라는 생각의 잘못된 무늬가 아닌 다른 의미의 부모를 보게 된다. 이것을 보지 못하고 이해하지 못하면 자녀와 부모의 사이는 공감이 어려워질 수 있다.

마지막으로 감정의 유전적 언어이다. 어떤 현상에 대하여 일어나는 마음속 감정을 바라보는 다양한 관점이다.

첫째는 찰스다윈의 진화론적 관점이다. 유전적 되물림으로 감정은 우리에게 유용한 것이니 주의를 기울이라 말한다.

둘째는 윌리엄 제임스의 생리학적 관점이다. 몸이 느끼기에 감정도 느낀다. 그래서 몸을 다스리면 감정도 다스릴 수 있다.

셋째는 에픽테토스의 인지론적 관점이다. 생각하기 때문에 감정을 느낀다. 다르게 생각하라 그러면 감정을 다스리는 몸을 갖게 된다.

넷째는 마거릿 미드의 문화론적 관점이다. 감정은 문화적으로 학습된 것이다. 감정을 표현하거나 해석하기 전에 먼저 내가 속한 사회가 어떤 것인지 주목하라고 말한다.

<감정의 다양성>

FOUNDATION STEP

C.I.L. Academy
창의이미지언어로 리딩하라!

씰코칭......몸 & 언어

색 & 소리

누구도 해낸 적 없는 성취란,
누구도 시도한 적 없는 방법을 통해서만 가능하다.
-프랜시스 베이컨

If we are to achieve results
never before accomplished,
we must expect to employ methods
never before attempted.
-Francis Bacon

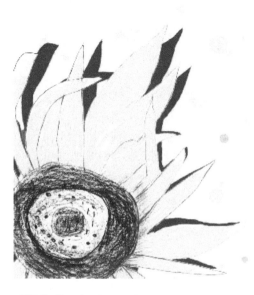

인간의 축복인 색각(色覺)을 활용하라!

인간이 다른 어떤 동물들 보다 풍부한 감성을 가지는 이유는 시각적으로 보이는 이미지속에서 160여개의 색각을 구별해내기 때문이다.

색(色)의 어원

색(色, 빛색, 용모색)은 인품, 성질을 뜻하는 인(人,사람인)과 꼬리를 뜻하는 파(巴, 꼬리파, 천곡파)가 합쳐진 문자로 사람의 성질 또는 용모가 짐승의 꼬리 부분과 어떤 관계가 있음을 나타내는 단어이다. 일반적으로 인간이 생각과 감정에 자극을 받으면 얼굴색이 붉어지는 홍조현상이 일어나는 데 이런 이유이다.

색은 빛과 절친이다

색은 빛의 진동과 특성에 영향을 받는다. 또한 온도감각, 크기 인식 등에 영향을 미치며 색 선호도는 성격이나 감정 상태와 같은 관련이 있다. 그래서 색은 인간에게 신비한 현상과도 같다. 일상을 내려놓고 여행을 가는 이유도 결국 색에 대한 경험을 쌓으러 가는 관점으로 보면 재미있다. 나와 다른 피부색, 음식, 건물, 집, 옷 등을 보며 즐거워한다. 우리가 먹는 음식, 입는 옷, 잠을 자는 집의 내부인테리어, 시간을 내서 찾은 산과 숲 등 모든 것들이 인간과 색을 연상하게 하는 환경이다. 그러나 그곳에 빛이 없다면 우리는 색을 인식할 수 없다. 그래서 빛이 있음에 색이 있다. 어둠 속에서는 색은커녕 물체의 존재 자체도 판단하기 어렵지만 밝은 빛 아래서는 사물 특유의 색채를 정확히 볼 수 있다.

최근 교육분야에 매칭하기 좋은 도구로 색에 대한 관점을 다룬 글들을 쉽게 찾아볼 수 있다. 일상에서 일어나는 현상들에 대해 색을 새롭게 느끼고 관찰하며 차이의 사고들을 만들어가는 것이 중요한 배움이 된 것이다. 그런 이유로 색이 삶에 영향을 주며 색에 대한 공감과 인식에 대한 관심이 높아지고 있다.

색에 대한 미적인 감각이 뛰어난 것은 그 사람의 강점이 되고 색을 통한 심리적인 변화를 공부하는 것은 관계성에 어려움을 겪는 갈등과 문제를 해결해주는 열쇠가 된다. 때로는 우리의 의식과 상관없이 긍정적 혹은 부정적 방식으로 우리에게 영향을 미치는 에너지와도 같은 색(色)을 배움에 잘 활용하여 나를 공감하는 도구로 사용해야 한다.

색(色)의 적용

<씰 아카데미> 12주 코칭에서는 총체적 인간으로 인정받고 싶어하는 내면의 균형을 조율하며 생각과 감정에 영향을 주는 색의 원형을 정리하고 고정화된 사고를 변화시키기 위해 여성성과 남성성의 상징적 의미를 갖고 있는 색과 색의 의미들을 이해하고 특정색이 주는 상징적 의미들을 학습자의 생각과 감정에 연결하여 분출되는 이미지들이 어떻게 표현되는지를 분석한다.

자연색에서
상상하기
연상하기
그리기
토론하기

모든 상황을 초월하여 기본적으로 존재하는 것이 자연색이다. 자연색이란 인간이 자연에서 느끼는 색채를 말하며 사람의 성장환경과 밀접한 관련이 있다. 이것이 인간의 사고에 대하여 상상하고 연상하는 요인이 된다. 사람은 인공적인 색채에서는 화려하고 강한자극을 느끼지만, 자연 색채에서는 있는 듯 없는 듯한 반응을 보이게 된다. 이것은 익숙함의 본능적인 인간의 공감이다. 그러나 인간은 묘하게도 익숙한 것에서 벗어났을 때 그것을 그리워한다. 자연색채에 있어서도 그렇다. 도심지보다는 농촌이나 산간지방의 경치를 고향으로 갖고 있는 사람들은 향수병에 더 쉽게 걸린다.

인간의 무의식이나 잠재의식 속에 자연 색채가 깊게 자리한 이유는 무엇일까? 그것은 끊임없이 변화하는 자연 색채의 변화무쌍함에 있다. 사람의 감정은 수시로 변한다. 이렇듯 인간은 고정된 익숙함보다 변화에 적응하며 새롭게 자신과 환경속에서 차이를 배워가는 것에 매료된다. 하루의 일과에서도 우리는 인식하지 못하는 시간의 흐름속에서 여러 가지의 빛과 색깔에 노출된다. 이른 새벽아침에는 안개 자욱한 회색의 은은함이며 솟아오른 태양은 붉은색, 대낮의 하늘은 파란색과 흰색의 뭉개구름, 저녁에는 지는 해를 바라보며 귀가하는 주황색의 저녁노을이다. 이후 검정색의 밤이 우리를 쉬게 한다.

자연색의
상징

자연색의 특징중 하나는 보색이 잘 조화된다는 것이다. 보색이란 색상이 다른 두 색을 적당한 비율로 혼합하여 무채색이 될 때, 그 두 색을 서로 일컫는 말이다. 일반적으로 <빨강과 초록, 주황과 파랑, 노랑과 보라색>이 대표적이며 반대색이라고도 한다.

보색은 잔상을 강하게 남기는 특색이 있다. 물체 색깔을 잠깐 본 뒤에 흰 것을 보면 동형의 반대색이 보인다. 이 현상을 보색잔상이라 한다. 강한 빛을 받고 있는 색의 물체를 응시한 후 급히 흰종이 또는 흰벽에 눈을 옮기면 전자의 보색에 칠하여진 동형의 상을 볼 수 있는 현상. 그만큼 보색이 강렬하게 시각에 자극을 준다는 의미이다.

<CIL Tip>

많은 사람이 장미꽃을 좋아하는 이유는 빨간색의 꽃잎과 초록의 가지가 대비되는 보색으로 작용하기 때문이다. 이처럼 자연 색채는 모성애(母性愛)를 자극하는 연상이 상징적 의미를 포함한다. 항상 우리 곁에 있으면서 나의 시선과 마음을 묵묵히 받아주고 어떤 것도 강요하지 않는 자연 색채의 특징은 어머니와 닮아 있어 곧 자연 색채인 것이다. 익숙한 자연색이지만, 강렬한 자극을 주고 있기에 그곳을 떠나면 어머니와 고향을 그리워하는 것이다. 성장하면서 무의식의 마음속에 형성된 색채의 이미지가 인간에 대한 그리움으로 연상되어 나타나는 것이다.

색(色)의 의미와 성격과의 관계

빨강
정복욕이나 남성성을 나타내는 색, 빨간색을 좋아하는 사람은 야심이 많고 원하는 것은 적극적으로 손에 넣고자 하는 행동적인 타입, 일에도 의욕적으로 임하지만 흥분하면 동료에 대해 공격적으로 되는 때도 있다.

-정열의 상징으로 쾌활함과 잔인성을 나타내며 엄격한 인상을 준다. 성(性)호르몬 및 성장호르몬을 활성화하고 마음을 흥분시키는 작용을 하며 우울한 사람에게 자극을 준다. 아이디어를 창안해내는 데 매우 좋은 환경을 제공한다.

-자신의 직관력을 자극하고 싶거나 신념을 강화하고 싶을 때 붉은 자주색 옷을 입으면 도움이 된다.

파랑
바다의 상징으로 부드러움과 여성스러움을 나타내는 색, 파란색을 좋아하는 사람은 차분하고 성실한 성격, 신뢰를 중요하게 여기므로 주변 사람들에게 인기가 많고 예의가 바르기 때문에 좋은 만남이 가능하다.

-마음을 차분하게 만들어 심신의 회복력을 준다. 어떤 일을 앞두고 불안한 상태에 빠졌거나 악몽을 꾸었을 때 파란색 물체를 바라보면 마음의 진정에 큰 효과를 얻을 수 있다. 이때 밝은 파랑은 활기를 느끼게 하지만 어두운 파랑은 침체된 느낌을 준다.

-눈이 피곤하고 혈압이 올라갈 때도 파란색이 진정작용을 한다. 두통과 피로감에도 치료 효과가 있다. -상대에게 지성적인 분위기로 비치고 싶으면 짙은 파란색 옷을 입으면 도움이 된다. 회색*흰색이 잘 어울리지만, 녹색은 피하도록 한다.

노랑
활발, 밝음, 따뜻함을 나타내는 색, 노란빛을 좋아하는 사람은 명랑하고 개방적인 성격, 원대한 꿈을 품는 타입, 개성적으로 보이길 바라는 나머지 간혹 무리하는 때도 있다.

-본능적으로 사람을 끌어당겨 소통하는 색이다. 가득한 햇살의 색으로 힘찬 느낌을 주는 까닭이다. 노란색은 주목 효과가 높아서 (전 세계의 아동 스쿨버스는 노란색이다) 노란색 형상이나 물건은 기억력을 높여준다. 그러므로 기억력이 감퇴했다고 느낀다면 노란색을 활용하여 암기하는 데 도움을 받아라. 형광펜을 활용하여 중요한 내용에 표시하여 암기하는 것도 좋은 방법이다. 그러나 노란색을 남용하면 별다른 도움이 되지 않는다.

초록
자부심, 견고함, 우월감 등을 나타내는 색, 초록색을 좋아하는 사람은 온화하고 인내심이 강한 타입, 주변과의 조화에 신경을 쓰지만, 자기주장이 필요할 때는 자기 생각을 확실하게 전달한다.

-진정효과가 있는 색으로 다혈질인 사람들에게 안정을 준다. 연한 녹색은 중립성과 조용한 느낌을 준다. 짙은 녹색은 고요한 느낌을 더욱 강하게 만든다. 온화함, 건강, 성장을 나타내고 시각적으로 해독작용을 한다.

지나치면
지루함
녹색은 주의를 집중해야 할 일이나 깊이 생각해야 할 일 등에 좋은 환경을 제공한다. 책상 바닥을 녹색 깔판으로 사용하는 이유가 여기 있다. 녹색은 사람들의 마음에 부드러운 감정을 일으키므로 '안전'을 강조하는 표지색으로도 쓰인다.(신호등)

자주 가족, 가정, 안정성을 나타내는 색, 자주색을 좋아하는 사람은 온화하고 협조적인 타입, 대인관계가 좋아서 고민을 상담해오는 사람이 많다.

-예술가 신비주의자 등 내성적 성격의 사람들이 좋아한다. 재능이 풍부한 사람이지만 세상을 혐오하며 히스테리 기질이 잠재해 있다. 협조성이 없고 고독감에 빠지기 쉽다. 자기비하와 자존심이 마음속에서 갈등을 일으킨다. 정서적으로 불안정하다 불안이 심한 사람에게 많은 데 심하면 정신질환을 의심할 필요가 있다.

보라 감각적, 신비적, 에로틱한 것을 나타내는 색, 보라색을 좋아하는 사람은 로맨티시스트로서 감수성이 풍부한 타입, 섬세한 성격으로 개성적, 나르시시스트 적인 면도 있다.

-총체적 인간상으로 인정받고 싶어 하는 내적 갈등이 있다. 우아하면서도 고상한 느낌을 주며 동시에 외로움이나 슬픔을 연상시키며 환상의 세계로 빠져들게 하는 작용을 한다. 따라서 정신적 혼란을 진정시키고 싶을 때 연보라색 옷을 입으면 도움이 된다. 보라색을 특히 좋아하는 사람은 성격의 보완적 안정을 위해 파란색을 좋아하도록 노력하면 도움이 된다. 예술적 재능, 천재도 많다. 수줍음으로 세상을 등지고 사는 유형/지도력으로 위엄과 품위를 지키며 사는 유형.

회색 조용하고 고상함, 외로움을 나타내는 색, 회색을 좋아하는 사람은 자기중심적으로 다른 사람에게 흥미가 없는 사람이 많다. 우유부단하며 의존적인 경향도 있다.

검정 단념, 항복, 거부, 폐기 등을 나타내는 색, 검은색을 좋아하는 사람은 자립심이 있고 현재 상태를 바꾸고자 하는 강한 면을 가지고 있는 타입, 노력파이지만 반면 쉽게 포기하는 면도 있다.

-위엄과 권위를 추구하는 경향으로 협조성이 부족하다. 고독감에 빠지기도 쉽다. 또한, 특정 관련과 원리에 집착하기 쉬우며 적개심을 타인에게 발산하는 경향이 있다. 그뿐만 아니라 솔직하지 못하고 명랑한 기분을 조절하는 능력이 부족해서 사람들에게 그리 인기를 끌지 못한다.

-지나친 색의 좋아함은 심리적으로 절망해 있거나 몹시 우울한 상태를 의미한다. 동시에 마음속에 자기비하와 자존심이 갈등을 일으키고 있음을 뜻한다. 검은색을 지나치게 선호하는 여성은 남성에 대한 의타심이 매우 강한 심리상태임을 나타낸다.

흰색 흰색을 좋아하는 사람은 항상 완벽함을 추구한다. 기품 있는 처신을 위해 노력하지만 일에 대한 적극성을 부족하다. 마음으로는 늘 선망받을 만한 사람이 되고 싶어 하면서 그것을 꿈으로만 여길 뿐 현실적으로 노력하지 않는 경향이 있다.

-가정에 충실한 사람이 많으며 보수적 기질이 강해서 웬만한 일에는 감동하지 않는다. 결벽성도 강하기에 냉혹한 사람으로 오해받기 쉽다. 슬픔에도 강한 만큼 더욱 그렇다. 스스로도 답답할 만큼 애정 표현에 서툴다. 정신상태가 불안정한 사람이 흰색을 좋아한다면 어딘가로 도피하고 싶은 심리상태를 나타낸다.

생각을 듣고 그려라!

몸이 다양한 소리를 들을 수 있고 느낀 무엇인가를 통해 핵심 감정과 생각으로 이야기를 만들고 그것을 다른 공간의 존재와 연상하여 자신의 스토리텔링을 만드는 것이 씰코칭의 창의성이다.

소리와 정서의 관계

소리는 다른 예술과 비교할 때 인간의 정서가 가장 잘 표출되고 느껴지는 매체이다. 이러한 소리의 특성을 씰교육에 적용한다. 소리는 음을 내기 시작하는 순간부터 이 세상의 존재와 결별한다. 곧 소리는 들렸다가 없어지지만, 소리의 형식, 내용, 과제, 효과까지 모든 것이 온전히 인간의 내면세계에 흐르는 감정속으로 들어온다.

소리는 청각작업이다. 악기의 진동을 통하여 음이 발생하면서 공간적인 것과 결별하고 곧이어서 소리마저 사라진다. 이러한 과정을 반복하면서 음은 주관적인 내면세계를 표현하기 시작한다. 무의식의 광활한 상상과 만나는 순간이다.

■색이 들리고 소리가 보인다면?

소리가 공간과 내면의 세계에 결합하고 해체하는 반복을 통해 인간의 정신과 영혼의 감정을 소통하는 길을 안내한다. 소리매체는 회화나 조각처럼 주관적인 내면세계가 작품으로 표현되려면 쓰인 재료가 그대로 보존되거나 원래 상태에 머물러 있어야 효과가 나는 것과는 차이가 있다.

소리로 감성을 느끼는 포인트는 대상이 공간에 살아있는 형상으로 찾는 것이 아니라 본래의 재료가 무한히 달라진 상태에서 깨달음과 창조적인 상상력들이 생성되고 머물렀다 다시 사라지는 반복에 있다. 이런 현상은 한 면에서만 일어나는 것이 아니고 공간 전체에서 일어난다. 소리는 외면적인 형상이 없다. 시각적인 가시성에서 자유롭다. 따라서 음악을 만들 때 주관적 기관인 청각이 필요하다. 귀는 소리를 고정된 물질로 받아들이는 것이 아니고 다양한 생각과 감정으로 마음속 떨림(감정, 감각, 느낌, 직관 등)이 되어 받아들인다.

정리하면 소리표현의 대상은 물질세계가 아니라 내면세계이다. 소리는 인간내면의 가장 깊은 곳에 흐르는 주관적인 느낌과 감정의 움직임을 음(소리)으로 표현하는데 있다. 그렇다면 소리가 인지하는 내면이란 무엇인가?

실제로 소리를 들을 때, 다른 예술작품의 재료에 비해 매우 추상적이다. 조형예술은 대단히 광범위한 자연 세계에서 작품의 대상을 선택하여 실제의 모습과 흡사하게 대상의 여러 가지 다양한 형태를 묘사한다. 그러나 소리의 음은 이것이 불가능하다. 소리가 표현하고자 하는 대상은 이런 것이 아니다. 완전히 비어있는 내면의 영혼이며 정신이고 마음속 자아이다.

소리가 표현하려는 주요 과제는 대상 자체가 아니라 대상에 대하여 느끼는 인간의 깊은 내면속에 있는 주관적인 마음과 이념을 띤 영혼의 움직임이다.

소리는 좋은 작품일수록 각 부분이 모여 종합적인 하모니를 이루며 완벽한 통일성을 만든다. 조각이나 미술과 달리 부분 부분의 결속력과 전체적인 통일성이 엄격하게 요구되지 않는다. 그러므로 주제의 전개방식이나 소리의 구조를 작품 의도에 따라서 자유롭게 전개할 수 있으며 감상자는 이러한 것들을 가볍게 지나치면서 들어도 깊은 이해가 가능하다. 이것이 소리소통의 강점이다.

그러나 언어에서의 소리는 감정, 개념, 생각 등을 알려주는 기호에 불과하다. 음은 형이하학적인 존재로서 개념과는 전혀 관계없는 독립적인 존재이다. 그러므로 우리는 실제로 발음하지 않고 단어의 뜻만 생각해도 된다. 소리 자체가 가지는 구성이 소리의 목표가 된다. 그러나 미술은 생각만으로 될 수 없고 형상과 표현이 첨가되어야 한다.

소리로는 개념을 명확히 표현할 수 없지만, 시를 노랫말로 사용하면 해결된다. 인간이 느끼는 희, 노, 애, 락의 모든 특정한 감정을 각각 개별적으로 혹은 매우 섬세한 단계까지 표현할 수 있다.

-기쁨, 즐거움, 익살, 흥분, 영혼의 환희와 환호 등
-불안, 걱정, 슬픔, 비탄, 근심, 고통, 그리움 등
-경외, 사모, 사랑

일상에는 아! 또는 오! 등의 감탄사가 있다. 이 감탄사는 심한 고통 속에서 외치고, 한숨을 짓고, 크게 웃으면서 자신의 정신상태와 느낌에 대하여 직접적이고 생생한 표현으로 쓰인다. 그러나 자연적으로 나오는 감탄사는 음악이라고는 할 수 없다. 소리가 입에서 나오면서 심정이 후련해지는 느낌은 있으나 단순한 음만으로는 어떤 내용에서 비롯된 것인지 알 수는 없다. 그리고 이렇게 거침없이 무작정 나는 소리는 예술로써 승화된 상태가 아니라 매체로 활용하기는 어렵다.

감탄사는 소리의 한 종류이지만 아직 매체는 아니다. 이 특별한 소리를 생각과 대립시키고 소리의 움직임을 진행, 보충, 발전, 갈등, 화해, 사라짐 등으로 스토리텔링 화하면 감탄사도 매체가 될 수 있다.

인간의 꾸밈없는 속마음은 그 내용이 소리와 어울려 동질화되거나 공감되어 나타난다. 소리가 어떤 형상을 가지고 공간에 자리 잡고 있는 것이 아니므로 물리적으로 결합되어 있다가 분리되는 모습은 눈으로 볼 수 없다. 그러나 감정에 끼치는 위력은 대단해서 한없이 깊은 감정을 불러일으켜 인간의 마음과 심정을 변화시키기에 그 모습을 우리는 일상의 관계성에서 찰(察) 할 수 있다.

소리를 듣고 연상된 마음속 생각을 핵심단어와 문장, 이미지언어로 정리하는 교육을 받으면 유명한 작곡가의 음악을 듣거나, 재즈, 클래식, 첼로, 바이올린, 대금, 아쟁 등 구성과 의미가 부여된 화성과 선율의 소리를 듣고 접할 때마다. 자기실현에 필요한 직관과 감각, 영감이 일깨워지며 정리가 되는 데 이러한 반복적 교육이 지속적으로 몸에 자극을 주면 신체와 영혼에 긍정적인 성장을 갖게 된다.

인간의 공감을 읽어내는 씰코칭

–소리를 활용한 감정코칭

제1부 저녁 만찬

특별영화상영 〈오시는 분만 알고 공감됩니다~〉

제2부 씰 소리코칭

소리 : 피아노 협주곡 a단조 1악장 (1min)

 화가는 시를 그림으로 바꾸고
음악가는 그림에 음악성을 창조한다!
슈만 Rovert Alexander Schumann / 독일 / 1810.6~1856.7

제3부 씰 체험

찻잔 이미지만들기 / 작품나누기 토론

제4부 마무리

중국정통연주 Betterfly Love ErHu Concerto / 차한잔

일시 : 2020. 12. 24 (목). 18:00 ~ / 장소 : 씰 창의교육연구소

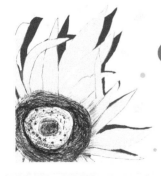

C.I.L. Academy
창의이미지언어로 리딩하라!

<소리 감정코칭 진행 단계>
-오늘의 토론 주제와 핵심감정 정하기
-토론 주제의 개념과 감정의 경험들 나누기
-소리매체 소개 : 작곡가 및 간단한 곡 소개
-소리 듣고 감상하기
-연상되는 핵심단어와 문장 만들기
-정리된 핵심단어를 활용하여 이미지 그리기

<다양한 연상작업 체험하기>
-찻잔 받침대 만들기
-찻잔 받침대 작품 자랑하고 전시하기
-작품 소개하기 및 사진촬영

FOUNDATION STEP

창의이미지언어로 리딩하라!
C.I.L. Academy

씰코칭......추상 & 상상

추상 & 상상

촌철살인(寸鐵殺人)...단 한마디로 끝내라!
마음을 헤아려주는 진심의 한마디
상대의 심리를 알고 좋아하는 것으로 말하라!
자신있는 사람은 말이 간결하다!
말은 뜻을 전달하면 그만이다!
평범한 말 속에 깊은 뜻을 담아라!

온고이지신(溫故而知新) 가이위사이(可以爲師矣)

식어버린 것에 따듯한 온기를 상상하면 그곳에 새로움이 있다.

- 공자 -

〈씰〉 상상추상 생각정리공식은

 학습자에게 주어진 매체(이미지, 도형, 숫자, 직선, 곡선 등)에 대한 이미지반응(기의언어)과 리딩반응(기표언어)을 추측하고 상상하는 확산적 사고의 융합과 분열을 반복하게 함으로써 생각, 감정, 행동의 핵심단어와 주제문장을 선택하고 결정하는 창의적 생각을 이미지 언어로 변환해주는 프로세스로 개발된 공식입니다.

상상과 추상의 균형

씰교육에서 중요한 핵심단어는 상상력과 추상력입니다. 추상은 복잡한 이미지의 형태속에서 간단하게 자신의 핵심단어를 찾는 것이고 상상력은 작은 것으로부터 큰 것을 읽어내는 것으로 하나의 단어나 의미에서 문장과 이야기를 만들어내는 것입니다.

▌ 상상과 추상의 관계

씰코칭의 미션은 인문고전, 복잡한 추상적 작품들, 이솝우화, 과학 등이 말하는 개념과 논리들을 압축하는 것이다. 이것은 모두가 인정하는 보편적이고 평균적인 사고의 인식틀은 아니지만, 산업혁신의 시대에 반드시 필요하다.

일상의 많은 복잡하고 다양한 문제들에 직면했을 때, 그 문제를 발견하고 이해하며 해결하는 과정에서 필요한 것이 상상과 추상력이다. 문제의 핵심이 무엇인가를 정확하게 가려내는 것이 추상적 사고의 핵심이다. 많은 정보 속에서 우선순위를 가려내는 유연한 사고는 자기 생각을 사용해야 한다. 다른 사람이 찾은 정답을 찾아 접근하는 것으로는 추상적 사고는 습득되지 않는다.

문제와 갈등으로 찾아온 내담자들은 종종 장황하게 많은 것을 나열하기만 한다. 그래서 어쨌다는 것일까요? 문제의 핵심이 무엇일까요? 라는 질문을 하게 된다. 그러면 글쎄요? 다 중요해서요! 라고 답한다. 문제의 우선순위로 중요한 것을 먼저 이야기하고 그다음에 그것과 관련된 것들을 시간적 순차성이나 중요도에 따라 말하도록 코칭한다.

결론적으로 주변사람을 바꾸고 환경을 변화시켜야 문제가 해결된다고 정리한다.

그러나 곧 한계에 부딪히고 좌절하는 상황을 겪는다.

자신의 문제를 말하는 사람들의 일반적인 관점이 과거에 있어서 현재의 문제는 나중에 말하는 내담자와의 만남에는 인내심이 필요하다. 여러 상담요인 중에서 핵심적인 것을 선택하기가 쉽지 않다. 문제란 서로 얽혀 있을 수밖에 없기 때문에 많은 원인을 다 열거한다면 결국, 모든 것이 다 중요하게 된다. 그러면 모든 문제를 하나씩 결정해야 한다는 부담을 갖게 된다. 문제의 해결보다는 꼬리에 꼬리를 무는 문제의 순환에 빠지게 된다.

씰코칭의 핵심은 중요한 것을 요약하고 우선순위의 것을 선택하는 과정에서 추상적 사고를 적용하는 것이다. 논문이나 칼럼의 도입부분에 문제제기가 정확하게 정리되었다면 작업에 50%는 해결되었다고 할 수 있다. 이것은 내담자가 현재 처한 문제의 해답들이 자신에게 있다고 정리된 것과 같다. 이 단계가 되도록 코치를 한다. 문제가 심각한 중독(도박, 게임, 술 등)일수록 그 원인이 자신에게 있다고 인정하지 않는다. 현재 겪고 있는 다양한 갈등과 문제의 원인이 주변 사람과 물리적인 환경에 있다고 확신한다.

추상적 사고와 나란히 연결된 상상력은 "절친"처럼 붙어 다닌다. 그런 이유로 독서토론에서 나란히 훈련하게 된다. 일상의 창의이미지언어 소통도구(SNS, 페이스북, 인스타그램 등)들은 작은 것, 소소한 생각과 감정과 행동들을 만든다. 이런 활동에 담겨있는 의미들을 잘 정리하는 것은 엄청난 공감을 만들어내고 연상하는 연결고리가 된다. 이때에 필요한 것이 글을 읽고 시작되는 상상력이다.

혁신 대부분은 작은 것이 큰 의미를 품고 정리가 되었을 때 일어난다. 빙산처럼 작게 드러난 것에서 큰 몸통을 보는 상상력은 이때 드러난다. 세상에 사소한 것은 없다. 그 의미를 우리가 상상하거나 추측하지 못할 뿐이다.

작은 것이 큰 것이고 큰 것이 작은 것이다. 약한 것이 강한 것이고 강한 것이 약한 것이다! 라는 <노담의 도덕경>에는 처마 끝으로 떨어지는 물방울에 대리석 바닥이 파인다고 설명한다. 이 또한 문장을 읽고 이해하려면 상상력을 불러와야 그 의미를 공감할 수 있다.

우리는 종종 사소한 문제라고 방치하는 일상의 일들이 있다. 많은 사람 중에 단 한 사람에게 소홀히 했을 때, 일시적인 문제이니 그냥 넘어가지 뭐~ 치부하는 것들이 얼마나 많은가! 수많은 갈등과 방황으로 가출하여 청소년 시절을 보내고 마음과 몸이 망가져 집에 돌아온 아이들은 <자신의 말을 들어줄 한 명의 친구>가 필요했다고 말한다.

자연이 보여주는 작은 상징들을 본다. 비가 오고 눈이 오며 바람이 불어 계절이 바뀌는 것을 알고 인간은 추측한다. 논리적인 지식과 유연한 지혜가 추상적 사고와 상상력을 통해 적절히 조화되는 언어 공부가 그래서 필요하다. 이성적인 훈련과 감성적인 훈련이 조화를 이루며 동시에 필요한 배움으로 연결되어 문제를 해결하고 갈등을 조절하는 역량이 되어야 한다. 추상적 사고와 상상력은 따로 일어나는 것이 아니라 적절히 배합하여 적용하는 경험으로 배운다. 호흡이 긴 배움은 쉬운 공부가 아니다. 지금의 교육처럼 익숙한 배움도 아니다. 머리로 하는 배움이 아니라 가슴으로 하는 훈련하기 때문이다. 논리적 사고의 문제가 아니라 인격과 품성이 길러져야 하는 철학적 사고로 생각과 감정의 관점으로 상상과 추상력을 표현해야 한다.

▌언어를 확장시키는 공부

책을 읽고 글을 쓰며 토론하는 교육은 미디어 영상으로 대체되는 배움에 압도적으로 밀려나고 있다. 새로운 정보습득의 방법으로 대부분의 사람이 유튜브와 구글, 페이스북 등의 빠른 해답을 주는 미디어 활용에 높은 점수를 준다. 여기에 관해 더 이상의 이유도 묻지 않는다. 씰 코치도 독서에 미술과 영상을 주요 매체로 활용한다. 그러나 매체 사용의 우선순위와 중요성은 좀 더 담론이 필요하다.

영상은 인간의 상상력에 위력적인 전달력과 연관성을 배우게 한다. 좋은 도구임에는 분명하다. 그러나 영상이 보여주는 의미와 가치를 다양한 사고와 감정의 언어로 정리되지 않으면 가벼운 지식이 될 수 있다.

혁신 & 나

화약,
나침반,
종이,
인쇄술,
지폐,
칫솔.

감각경험으로 일어난 일들의 결과로 중국문명의 상징적 발견들이다. 그러나 우리는 감각적인 지식을 체계화하는 과학적 사고와 철학적 사고를 함께 가져야 한다. 문명진화의 출발점은 문제를 발견하는 것이 비범한 역량으로 인식되는 환경이다. 최적화된 생각과 감정과 행동의 매뉴얼을 갖자!

혁신을 움직여라!

혁신은 종속적 삶을 통한 지식보다는 능동적 주체로서의 삶을 통해 얻는 지식으로 만들어진다. 누군가 만들어 놓은 원리를 외우고 풀어보는 문제로 공유한 지식이 내 것이라고 생각하는 환경속에서는 작은 것 하나도 결정할 수 없는 종속적 삶이 된다. 내가 원리를 알고 기준의 행위를 만들고 결정하는 사람으로 성장할 때 혁신의 일들이 성취되기 시작한다.

▌움직여라

-천재음악가 모차르트가 한 이야기

> 66
> ## 소리는 음표와 음표들이 기억하고
> ## 표현해주는 것 같지만
> ## 사실은 음표와 음표 사이에 있다.
> ## 음표 사이를 연결하려는 행위인지 모른다!
> 99

① 지혜는 새로운 것을 연계하려는 행위에 있다.
　-머물지 않고 건너가려는 행위들이 모여서 된 것이다.
　-감각, 관념, 생각, 신념들이 지식을 머물게 한다.
　-큰 지혜를 갖는 것은 머물지 않고 연계하려는 창의성을 갖고 있는 사람이다.
　-조건, 시세, 환경에 따라 머물기가 오래갈 수 있다. (전문영역, 완벽한 체계)
　-머무는 것으로 인생을 마치는 사람도 있다. (외길인생, 한가지 신념)

② 머물러 있어도 연계하는 것을 할 줄 아는 사람
　-인위적으로 생각과 감정과 행동을 만들어내는 비밀은 연계하는 발버둥이 가능한 사람들이다. 그것이 있느냐 없느냐의 문제

③ 마음속 연계나 이동하려는 동작들은 어떤 언어로도 표현되지 않는다.
   - 그냥 그런 거다. 기(氣), 원리, 원인, 연고

④ 어떤 것을 아느냐가 중요한 것이 아니라 어떤 것을 알고 싶어 하는 마음이 있느냐 없느냐가 중요하다.

⑤ 창의적인지 않은 가벼운 교육은 무엇을 알게 해주는 것에 집중
   - 자기가 믿는 자기에 갇히면 그 이상의 자신을 볼 수 없다.
   - 지적으로 알면 안다고 생각하고 다음이 없다.
   - 타인이 만들어 놓은 것을 안다고 하는 사람
   - 기준으로 상대적 비교에 빠진다.
   - 사람이 작다(쫌스럽다)
   - 자기가 세계의 전체인 것으로 생각한다. (우물안 개구리)

⑥ 깊은 교육은 그것을 알고 싶어 하는 마음을 갖게 하는 것에 집중
   - 역량이 큰 사람으로 성장하며 항상 새로운 것으로 건너가려는 것에 준비가 되어 있도록 학습한다.
   - 아는 것을 바탕으로 모르는 것으로 연계하고 다가가려는 몸부림

⑦ 지식은 습득함과 동시에 <ING NEXT> 되어야 한다.
   - 지식은 과거와 현재와 미래를 하나에 담고 있으며 하나이고 같다. (중용)
   - 지식을 알고 난 이후에는 다음(NEXT)을 말할 수 있어야 한다.
   - 외국 박사 학위를 받아도, 수십년을 수련하고 믿어도 지혜롭지 못한 사람들 많다.
   - 오랫동안 배우고 수련해도 고집스러운 사람들

"

앎은 지식을 소유하지 않는다.
연계하는 노력에 있다.
그러면 자기 세계가 확장되고
세계를 넓고 크게 품게 되며
자아실현과 성장을 하게 된다.
그 과정을 아는 것이 깨달음이고 혁신이다.
이것이 새로움을 만들 수 있는 시작이 된다.
그래야 큰 성취가 이루어진다.

"

▌ 혁신적인 나

"

다리가 하나인 벌레는
다리가 많은 벌레를 부러워한다.
다리가 많은 벌레는
다리 없이 재빠른 뱀을 부러워한다.
뱀은 바람을, 바람은 눈(目)을
눈은 마음(心)을 부러워한다.

장자의 착회

"

① 자기에게 있는 역량을 바탕으로 하지 않고 다리가 많거나 빨리가는 등으로 구분하여 타인과 세상을 보기 시작하는 것으로 자기 존재를 인식하는 것
   -비교기준으로 동료를 보고, 친구를 보고, 세상을 보는 것
② 벌레나 뱀의 이해와 해석의 문제가 아닌 전혀 다른 것을 보는 시각
   -한번도 경험해본적이 없는 것으로 해버리면 됨
   -눕지않고, 말을 하지 않고, 몸을 비틀어서 오래참거나, 가시에 눕거나(인도)
③ 비교의 말을 하지 않는 내면을 갖는 것
   - 이런 교육을 받고 이런 캠프와 교육을 받는 사람들
④ 종속적인 삶의 주체
   - 내가 판단한다고 생각했는데 그것이 아닌 것
   -보편적, 사회적, 전통적으로 만들어진 이념이나 가치가 내면화된 주체
   -우리가 공유한 어떤 것을 내 것이라 생각하는 관점
   ex) 유행, 의류, 가방, 신발 (어디서 나온 것이냐?)
⑤ 능동적인 삶의 주체
   - 내가 원리, 원칙을 알고 / - 기준의 행위를 만들고
   - 결정하는 사람 / - 내 아름다움을 내가 결정하는 사람
⑥ 자기 배려의 기술
   - 타인과 만들어진 이념을 배려하는 것이 아님
   - 왜 자기 배려를 해야 하는가? 여기서부터 큰 성취(혁신)가 가능해진다.
   - 알고 있는 세계를 통해 모르는 세상을 확장하며 해석되지 않는 것까지 공감하며 이해하려 노력한다. 이것은 현실의 지식과 재능을 소멸시키거나 부정하는 것이 아니라, 그것을 세련되고 품위 있게 만들어내는 과정

FOUNDATION STEP

C.I.L. Academy
창의이미지언어로 리딩하라!

도형 & 독서

책의 수는 점점 늘어날 것이고, 사람은 책에서 무언가를 배우는 것이 우주 전체를 직접 연구하는 데서 배우는 것과 비슷한 정도로 어려워질 때가 올 것을 예견할 수 있다. 자연에 숨어 있는 진실 일부를 탐구하는 것이 방대한 수의 책에 숨겨진 진실을 탐색하는 것과 비슷하게 편해질 것이다.

The number of books will grow continually, and one can predict that a time will come when it will be almost as difficult to learn anything from books as from the direct study of the whole universe. It will be almost as convenient to search for some bit of truth concealed in nature as it will be to find it hidden away in an immense multitude of bound volumes.

-드니 디드로 Denis Diderot 프랑스의 철학자, 문학자

도형속 심리를 공감하라!

씰코칭에서 중요하게 사용하는 도형은 [○ □ △]이다. 3가지 도형만으로 주어진 양식에 간단히 그림을 그려보게 함으로써 선호하는 도형, 크기, 위치, 배열에 따라 타고난 선천기질과 후천 기질을 발견하고 현재 형성된 성격, 적성분석, 심리상태 등을 파악하여 자기자신을 발견하고 내면의 자아를 성장시키는 잠재력을 공감합니다.

도형이해 및 적용방법

도형코칭목표 –도형심리코칭 이해하기
　　　　　　　–도형공감 이해하기
　　　　　　　–무의식 자아, 성격, 기질 이해하기

학습내용 –도형심리코칭 소개, 장점, 주의할 점
　　　　　–도형심리 정의, 종류, 분류, 주의할 점
　　　　　–성격 및 기질 설명, 문제점, 좋은 점

장점 ① 쉽고 간편하게 체험 가능(종이, 연필, 색연필, 5분).
다른 심리검사들에 비해 짧은 시간 동안 시행 가능하며, 종이와 연필 (or색연필)만 있으면 실시할 수 있기에 쉽고 간편하게 체험할 수 있음.
② 문자나 언어에 어려움이 있어도 체험가능.
실제로 언어소통이 되지 않는 외국인에게도 도형의 모양과 위치, 배열을 통해 분석이 가능함.
③ 이미지에 대한 능력, 지능, 연령 상관없이 체험가능.
3가지 도형만 그릴 수 있으면 되기에 연령과 성별에 상관없이 체험가능
④ 체험 상황을 목격함으로 해석에 필요한 정보들 참고 가능.
네모틀 바깥으로 도형을 그리거나 도형의 순서를 보는 등 체험상황을 경험하면서 해석에 필요한 정보들을 정리활용할 수 있음
⑤ 분석에 걸리는 시간이 소요되지 않음(빠른 해석가능).
체험상황을 함께 하며 정보를 파악하고, 그리는 시간과 해석시간도 오래 걸리지 않기에 짧은 시간동안에 많은 정보를 줄 수 있음

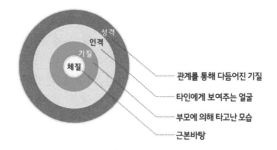

관계를 통해 다듬어진 기질

타인에게 보여주는 얼굴

부모에 의해 타고난 모습

근본바탕

성격과 기질   성격은 관계성에서 타인에게 보여주는 내면의 생각과 감정과 행동의미
기질은 부모에 의해 타고난 모습을 의미한다. 타고난 기질이 발휘되어 성격과 연결
될 수도 있고 환경에 의해 기질이 발휘되지 못하고 살아갈 수 있으며
도형심리 체험에서는 이러한 구분과 해석을 할 수 있다.

1) 기질의 욕구가 채워지지 않을 때 나타나는 문제점
    - ① 인간관계   - ② 정서적 문제   - ③ 신체적 문제

2) 성격과 기질을 알 때 좋은 점
    - ① 자기 수용   - ② 자기 발전   - ③ 타인에 대한 이해와 수용
    - 점, 선, 면 따위가 모여 이루어진 사각형이나 원, 구 따위의 것.
    - 사물의 관계, 구조, 변화 상태 따위를 일정한 양식으로 나타낸 그림 & 양식

-한 정점에서 같은 거리에 있는 점들의 자취 및 그 자취에 둘러싸인 평면
-원심력과 구심력이 상호 균형 있게 작용하고 있는 형태, 움직임의 순환과 회전의
  성향이 있는 동적 형태인 동시에 방향성을 갖지 않는 정적인 형태
-어떤 방향으로도 기울어지지 않는 중심대칭의 원은 그 형태 자체로 완전함과
도형의 정의   무한한 공간성을 느끼게 해주며 곡선이 가지는 부드러움과 단순성을 보여줌
-해와 달의 형태를 지니고 있어 시간을 의미하기도 하고 시작도 끝도 없는 선으로
  이루어져 있어 영원성과 전체성을 상징하기도 함

원

  → 동그라미 모양처럼 호기심을 갖고 이리저리 굴러다니는 모습을 떠올려 볼 수
     있으며 굴러다니는 목적과 이유는 '사람, 관계'이다.

   - 성격이 둥글둥글하여 주변 사람들과 잘 사귀고 다툼이나 분쟁이 적고 인간관계
     를 중요시함.
    - 사교적이고 활달하며 현실적인 일에 대한 관심이 많고 출세 지향적이며 권력
      지향적인 면이 있으나 내면적으로는 낭만적이고 감성적인 경향이 있음.
    - 과거에 대해 좋지 않은 기억을 쉽게 잊어버리고 미래에 대한 걱정과 염려보다
      는 깊이 고민하거나 우울해하지 않는 낙천적인 성격.
    - 사람들과도 원만하게 잘 지내며 관계 지향적인 이들의 자유로움은 때로 방종
      으로 보일 수도 있음.

특성 - 밝고 따뜻하며 화사한 빛깔의 봄꽃과 같음.
직장에서 누구와도 잘 지낼 수 있는 사교적인 사람이며 천성적으로 남을 잘 돌
보고 섬세하기에 늘 주변에 친구가 많음.
- 항상 즐거운 시간을 갖기 원하며 명랑하고 잘 노는 사람들이 많음.
- 친구나 동료들의 문제를 잘 들어주고 해결해주는 해결사.
"그까짓 거 문제없어! 내가 해결해줄게"라는 대사가 어울리는 사람들.
- 다정다감하고 대인관계 폭이 넓으나 깊은 우정 관계를 지속하기 어려울 수 있음.
- 다른 사람들이 잘사는 것과 조화를 유지하는 것에 큰 초점.
그렇기에 갈등을 처리해야 할 논쟁에서는 종종 포기함.
(세모형들은 끝까지 자신의 주장을 드러내며 강한 설득)
- 일반적으로 이야기하기를 매우 좋아하며 다른 사람의 말도 잘 들어주고 감정이
입을 잘하며 사람들과 의사소통을 잘함.
- 훌륭하게 의사소통을 잘하는 사람들이고 타인들이 최선을 다하도록 해주는 동기
부여능력이 있음. (타고난 교사이며 상담가)
- 친근한 성품은 동료들이 이들을 좋아하게 만드는 매력이며 장점.
- 하던 일을 멈추고 동료와 이야기하느라 프로젝트가 정확하게 제시간에 완성되지
못할 수도 있음.
- 분주하지만 효율적으로 일의 순서나 시간을 관리하면서 어려움을 느낌.
- 편안함, 안락함을 원함 (부드럽고 푹신한 쿠션).

장점 - 친절하고 따뜻함   - 어려운 사람들을 잘 도와줌
- 대인관계가 폭넓고 사교적 - 열정적
- 사랑스럽고 애교가 많음   - 호기심이 많고 창조적
- 언어의 마술로 감동을 줌   - 감성이 풍부함
- 표현 능력이 좋음   - 명랑하고 즐거움
- 다른 사람의 말을 잘 듣고, 공감하고, 수용함
- 분위기메이커로 주변을 밝게 함

약점 - 감정의 기복이 심함   - 시샘이 많음 - 준비성이 없음   - 변덕스러움
- 조정하려고 함   - 과장이 심함 - 관심을 끌려고 함
- 약속을 잘 잊어버림, 지각을 잘함
- 마감시간이 되어서야 일을 시작함
- 수 계산에 약함   - 끈기가 없음 - 싫증을 잘 느낌

제안 - 관심사항을 줄여라 - 항상 마무리를 지어라 - 집중력을 개발하라
- 감정 기복을 다스려라.
- 시간 약속을 잘 지켜라(미리 준비해라).
- 타인의 영향을 너무 많이 받지 말아라 → 자신에게 집중해보기.

| 삼각형 | -일직선상에 있지 않은 세 개의 점을 직선으로 연결하여 이루어진 평면도형. |

삼각형
- 일직선상에 있지 않은 세 개의 점을 직선으로 연결하여 이루어진 평면도형.
- 밑변이 수평이고 꼭짓점이 위로 놓인 정삼각형일 경우, 상승하는 느낌과 동시에 강한 안정감을 줌.
- 꼭짓점이 아래로 놓인 역삼각형일 경우, 낙하하려는 힘과 불안전하고 강한 역동성을 느낄 수 있음

➔ 실제로 이러한 근거에 맞게 세모 유형을 해석할 때 세모 모양 또는 꼭짓점의 위치에 따라 다르게 해석되며 이에 관한 내용은 세모 유형을 학습 할 때 배우게 된다.

기본
- 늘 움직임이 많으며 끊임없이 새로운 일을 계획하고 추진함.
- 능동적이고 외향적이며 의지가 강하고 자신만만하여 실제보다 긍정적 과대평가를 받기도 함.
- 타고난 리더 유형으로서 리더가 될 수 있는 기회가 오면 주저하지 않고 리더 역량을 충분히 발휘할 수 있음.
- 타인을 관리하는 역량이 탁월하고 경쟁적인 환경에서 자신의 기량을 발휘하는 것을 좋아함.
- 독립심과 자립심이 매우 강함.
- 어려운 상황에서 오히려 자극을 받아 극복할 수 있는 강한 의지가 생김.
- 개성이 강하고 목표지향적임.

특성
- 리더가 되고 싶어하고 제어, 책임, 관리에 매우 뛰어남.
  추진력과 결정력은 높은 직책을 기대하게 할 것.
- 팀원을 존중하고 팀 프로젝트가 가치 있는 것이라 여기면 효율적인 팀 플레이어가 될 것이며 팀 기획에서 종종 지도력이 나타남.

강점
- 목표지향적이고 매사에 긍정적 & 리더십과 통솔력이 강함
- 자신감이 충만하며 의지가 강함 & 독립적이고 결단력이 있음
- 적극적이고 에너지가 넘침 & 동작이 빠르고 생산적임
- 성취 지향적이고 추진력이 있음 & 어떠한 경우에도 주눅 들지 않고 당당함
- 자기계발을 끊임없이 함 & 자립심이 강함

약점
- 명령적이고 지배적임 & 반항적, 투쟁적임
- 타인의 무능을 참지 못함 & 감정이 무딤
- 말투가 단호함 & 무시하고 상처를 잘 줄 수 있음
- 일 중독에 빠짐 & 분노가 많음 & 으스댐 & 거만해 보임
- 경쟁심이 심함 & 명예욕이 강함
- 공격적이고 폭력적일 수 있음 & 성급하고 자기주장이 강함

제안
- 일을 줄여라 & 마음의 여유를 가져라 & 배려와 겸손을 배워라
- 작은 일에 희생하라 & 장기적인 계획을 세우라 & 온화함과 온유함을 배우라

사각형
-네 개의 직선으로 둘러싸인 평면도형으로 네 개의 등변이 서로 직각으로 교차함.
-안정의 상징으로 레오나르도 다빈치의 '인체 비례도'에는 인간이 서서히 팔을 벌리
 면 정사각형이 됨.
-한 변은 수평으로 하면 정적이고 안정감을 주며, 한 모서리를 수평면 위에 서서히
 세우게 되면 동적이며 불안정한 느낌이 강해짐(김인기, 2002).

➜ 안정의 상징이라는 근거가 네모유형을 해석할 때 반영되며 네모의 모양에 따라
   달라지는 상태에 대해서는 네모유형과 심리상태를 학습할 때 배우게 된다.
➜ 도형코칭은 3가지 도형이 갖는 '상징'의 기능을 활용한다고 볼 수 있으며 '상징'
기본   이라는 것은 개인의 내면을 숨김없이 드러내는 기능을 하기에 중요하다.

- 매우 안정적, 조용하고, 차분하며, 침착함
- 안정을 지향하는 이들은 매우 현실적이고 일을 조리 있게 잘 처리함
- 매우 신중하고 꼼꼼하기 때문에 처리속도가 느리다는 평가를 받을 수 있음
- 인내심과 끈기가 있어 시작한 일은 늦더라도 끝까지 책임감을 갖고 마무리 잘함
- 사람들을 좋아하지만, 갈등상황을 피하여 중재 역할을 잘함.
- 지적 욕구가 매우 강하여 교육적인 일에 관심이 많음.

강점
- 평화주의자 & 따뜻하고 겸손함 & 침착하고 조용함
- 안전을 중시함 & 재치와 유머가 있음 & 중재하는 능력이 탁월함
- 타인의 이야기를 잘 들어줌 & 공동체 안에서 협조를 잘함
- 온순하고 어른을 잘 섬김 & 사람을 판단하지 않고 수용함
- 현실에 만족함 & 신뢰할만함
- 흥분하지 않고 침착함 & 주변 사람을 편하게 해줌

약점
- 결정을 못 내리고 우유부단함 & 타인에게 의존함.
- 게으르고 무책임함 & 두려움이 많음
- 빈정거림 & 수동 공격형으로 황소고집임
- 지나치게 보호 본능이 강함 & 변화를 싫어함
- 갈등을 회피함 & 문제를 쌓아두어 일을 더 크게 만듦
- 타인이 말할 때 순응하지만, 행동은 자기 고집대로 함
- 분노를 내면에 쌓아두고 과거에 집착함 & 자포자기함

제안
- 마음속에 쌓아놓지 마라.
- 끊임없이 동기부여를 하라(수동적임 → 수시로 동기부여 필요).
- 선택과 결정능력을 기르라(우유부단함 덜어내기).
- 고정관념을 깨뜨리고 변화를 받아들여라.
- 긍정적 사고를 하라.

관계   1) 네모유형을 대하는 법.
       - 꼭 필요한 존재임을 말하기/협조에 감사하기/휴식을 허락하기

    2) 네모유형이 좋아하는 사람.
      - 다정한 사람.
      - 이야기를 잘 들어주는 사람.
      - 대화가 잘 통하는 사람.
      - 배려가 많은 사람.
      - 생각이 같은 사람.
      - 숨기지 않고 자신의 내면이나 생각을 표현하는 사람.
      - 나를 인정해주는 사람.

    3) 네모유형이 싫어하는 사람.
      - 잘 표현하지 않고 속 좁은 사람.
      - 숨기고 가식적인 사람(이중성격).
      - 책임감이 적은 사람.
      - 잘난 척하고 고집이 센 사람.
      - 지적하는 사람.
      - 자기 멋대로인 사람.
      - 인생의 주안점을 '돈'에 두는 사람.

네모유형의
핵심감정

① 부담감.
    대인관계에 있어서 부정적인 정서일 때 위축되어 있고 늘 긴장하며 갈등을 회피하고 요구사항이 있어도 표현이 어렵거나 회피하며 냉정하게 거절하지 못함.
    ▶ 사람들과 일을 나누어서 하고 힘들 때 힘들다고 말하라.
      거절하는 법을 배우고 자신의 감정에 대해 솔직 표현하라.

② 두려움.
    ·실패를 두려워하다 보니 매사에 신중하고 안정된 것을 선호.
    ·어떠한 일을 추진하는 데 있어서 망설이며 시간이 걸림.
    ·타인의 평가에 민감하고 결정하는 일이 어렵고 힘듦.
    ·자기주장이 약하고 상처받을까 봐 두려워함.
    ▶ 조금 더 신속하게 움직이고 빠른 추진력을 기르라.
      눈치 보며 망설이지 말고 생각, 의견, 감정에 솔직히 표현하라.
      안정적 상황에서 벗어나 변화 시도, 도전 노력하라.

책 속의 글을 어떻게 공감할 것인가!

누구나 읽는 책, 꼭 많이 읽는다고 좋은 것은 아니다. 어떻게 읽을 것인가! 이것을 해결해야 한다. 새로운 환경에 미디어와 영상으로 독서방법을 습득하지 못한 아동, 청소년들이 부모에게 고민을 주고 있다. 권장도서로 그 시기에 읽어야 할 책도 읽어야 하겠지만, 일상의 관심과 호기심으로 자연스럽게 만나는 책도 읽어야 한다.

▌독서지도의 이해

의미　첫째, 독서는 올바른 가치관을 갖게 하여 인격을 형성하는데 도움을 준다. 책을 읽는 동안에 사물을 보는 눈, 생각하는 관점을 배우게 되며 이야기 속에서 가치를 스스로 발견하게 된다.
둘째, 독서는 지식과 경험을 넓히고 자아실현의 의지를 길러준다. 독서를 통하여 얻어지는 언어능력이야말로 기초 학력 중에서 가장 우선해서 길러야 할 중요한 학력이다. 또한 자기가 직접 경험해 보지 못한 일에 대해서는 독서를 함으로써 간접경험을 하게 된다.
셋째, 독서는 자율 및 학습방법을 익혀주며 평생교육의 기초를 닦는데 유용한 수단이 된다. 지식이 폭발적으로 증가하고 나날이 발전하고 있는 현실사회에 적응하고 앞길을 개척해 나가기 위해서는 독서를 통해 창의적 사고와 비판력을 기름으로써 평생교육의 기초를 닦아야 한다.

프랜시스 베이컨(Francis Bacon): '독서는 완전한 인간을 만들며, 대담은 기지를 가진 인간을 만들며, 글을 쓰는 것은 정확한 인간을 만든다.' 이 말은 인간은 생각하기 위한 지식을 독서에서 구하고, 생각하는 것을 독서에서 배우고, 독서와 더불어 생각하게 될
목적　때 비로소 사물에 대한 이해나 판단이 빠르고 폭넓은 인간으로 성장하게 된다는 것이다. 나아가 완전한 인간을 창조해낼 수 있다는 독서의 목적을 달성하기 위한 제반 활동, 즉 글의 내용을 읽는 이의 입장에 서서 주체적으로 책을 읽는 능력을 기르는 것을 독서 지도의 목적이라 할 수 있다.

(1) 정보의 획득과 이해를 위한 독서

학생들은 독서 활동을 통하여 자료, 사실, 아이디어 등을 수집하고, 사실들 사이의 관계
목표　를 파악하고, 개념을 이해하고, 이해한 개념을 일반화할 수 있어야 하며, 독서활동을 통하여 획득한 지식과 정보를 유효, 적절하게 활용할 수 있어야 한다.
① 교과서, 비문학적 서적, 참고 서적, 영상자료, 전자 서적 등에 제시된 정보를 해석하고 분석할 수 있어야 한다.
② 서로 다른 독서 자료에 제시된 정보를 비교하고 종합할 수 있어야 한다.
③ 정보의 선정과 조직과 범주화를 위한 다양한 전략을 활용할 수 있어야 한다.
④ 중요한 정보와 중요하지 않은 정보, 사실과 의견을 구별할 수 있어야 한다.

(2) 문학작품의 이해와 감상을 위한 독서

학생들은 문학작품을 읽고, 작품의 내용과 자신의 실제 생활과 연결 지을 수 있어야 하며, 작품에 드러나 있는 다양한 사회적, 역사적, 문화적 측면을 깊이 있게 이해할 수 있어야 하고, 작품에 대한 반응을 자신의 언어로 표현할 수 있어야 한다.

① 다양한 저자, 주제, 장르의 작품을 읽을 수 있어야 한다.
② 주요 문학 장르의 구조적 특성을 이해하고, 이러한 이해를 바탕으로 문학작품을 해석하고 그 작품에 대해 토의할 수 있어야 한다.
③ 은유, 상징, 직유, 아이러니, 절정, 갈등 등과 같은 문학작품의 주요 구성요소를 식별하고, 문학작품을 해석하는 데 있어서 이들 구성요소를 활용해야 한다.
④ 의미의 복합적인 수준을 인식할 수 있어야 한다.
⑤ 작품의 분위기에 맞게 낭독할 수 있어야 한다.

(3) 비판적 분석과 평가를 위한 독서

학생들은 독서 활동을 통하여 독서 자료에 제시된 아이디어, 경험, 정보, 주요 문제 등을 분석할 수 있어야 하며, 독서 자료에 제시된 주요 문제, 정보, 아이디어, 경험 등에 관하여 다양한 관점에서 적절하게 판단하고 자신의 의견을 제시할 수 있어야 한다.

① 교과서, 일반서적, 공공문서, 서평, 논설문 등에 나타난 정보, 아이디어, 조직 방식, 표현 방식 등을 분석하고 해석하고 평가할 수 있다.
② 정확성, 객관성, 이해성 등의 평가 범주를 사용하여 장르, 내용, 목적 등의 측면에서 독서 자료의 질을 평가할 수 있다.
③ 개인의 관심, 흥미, 가치관에 따라 다양한 관점이 있을 수 있음을 이해하고, 독서 자료에서 서로 다른 관점을 인식할 수 있어야 한다.

(4) 사회적 상호작용을 위한 독서

학생들은 독서 활동을 통하여 다양한 사람들과의 효과적이고도 폭넓은 사회적 의사소통 방식을 습득할 수 있어야 하며, 다른 사람들에 대한 이해의 폭을 넓힘과 아울러 다른 사람들의 관점에 대한 이해의 폭을 넓히기 위하여 독서 자료에 제시된 인물들과의 내적인 대화를 통하여 사회적 의사소통을 할 수 있어야 한다.

① 친구, 친지, 이웃사람, 전자우편 이용자 등으로부터 받은 사회적 편지, 엽서, 전자우편 등을 효율적으로 이해할 수 있어야 한다.
② 글쓴이의 아이디어와 흥미 등을 고려하여 사용된 언어와 표현 방식의 특성을 이해할 수 있어야 한다.

(1) 정보의 획득과 이해를 위한 독서

① 독서 자료

 - 교과서, 전기문, 자서전, 수필, 참고 자료, 그림과 도표, 사진 등의 설명 자료, 신문, 잡지, 원전, 전자 문서, 인터넷 사이트의 독서 자료 읽기

② 독서 활동

 - 학교 도서실이나 공공 도서관을 이용하여 자신의 힘으로 필요한 정보를 찾기
 - 설명적인 글에 제시된 자료, 사실, 아이디어 등을 해석하기 위하여 규정하기, 분류하기, 추론하기 등과 같은 사고 기능 적용하기
 - 주어진 과제를 완수하기 위하여 여러 단계의 지시나 절차를 읽고 따라 하기
 - 독서 자료의 내용과 조직을 이해하기 위하여 설명적인 독서 자료를 개관하고, 주어진 과제를 달성하는 데 필요한 부분을 선정하기
 - 필요한 정보의 위치를 알기 위하여 색인을 이용하고, 용어의 개념을 이해하기
 - 위하여 연관되는 사전을 활용하기
 - 설명적인 글을 이해하기 위하여 글의 구조와 내용과 어휘에 대한 기존 지식 활용하기
 - 상호 연관성이 있는 정보와 없는 정보 구별하기
 - 생략된 정보, 모순정보, 불명확한 정보 등을 식별하기
 - 설명적인 글을 읽으면서 글의 내용을 이해하는 데 중요한 질문 만들기
 - 여러 가지 상이한 독서 자료에 제시된 정보를 비교하거나 대조하기
 - 하나 이상의 독서 자료에 제시된 정보를 요약하고, 결합하고 범주화하기
 - 새로운 정보를 기존의 독서 경험과 연관 짓기
 - 명시적으로 제시된 정보와 암시된 정보를 바탕으로 결론을 도출, 추론 생성
 - 예측하고, 그 예측을 확인하거나 수정하기

(2) 문학작품의 이해와 감상을 위한 독서

① 독서 자료

 - 상상적인 인쇄 자료나 영상자료를 읽거나 보고 해석하기 위하여 단편 소설, 장편소설, 신화와 전설, 희곡, 시나리오, 서정시와 서사시, 영상 작품, 전자 서적 등의 독서 자료 읽기

② 독서 활동

 - 다양한 장르, 저자, 주제 등에 관한 작품을 묵독하거나 낭독하기
 - 하나의 작품은 여러 가지 측면에서 해석될 수 있음을 인식하기
 - 작품 속에 제시된 근거를 바탕으로 인물, 구성, 배경, 주제, 대화 등을 해석하기
 - 다양한 문학작품에서 빈번하게 드러나는 주제 인식하기
 - 저자의 의도와 생각을 드러내기 위해 저자가 사용한 표현 방식 이해하기
 - 인쇄 자료로 된 문학작품과 영상자료로 된 문학작품 비교하기

(3) 비판적 분석과 평가를 위한 독서

① 독서 자료
- 정보, 아이디어, 의견, 주요 문제, 주제, 경험 등을 해석하고 평가하기 위하여 문학작품, 과학적인 글, 역사적인 글, 일반적인 독자를 대상으로 한 공적인 문서, 신문 기사와 논설, 잡지 기사와 논평, 서평, 광고, 전자 문서 등의 독서자료 읽기

② 독서 활동
- 독서 자료에 제시된 정보, 아이디어, 주제, 의견, 경험 등의 타당성과 정확성을 평가하기 위해 다음과 같은 활동하기
  - 서로 대립하거나 모순되는 정보 식별하기
  - 지은이의 배경과 자격 고려하기
  - 지은이의 가정과 신념과 의도와 편견 등에 대하여 질문 제기하기
  - 아이디어를 뒷받침하기 위해 사용한 예시, 세부 내용, 이유 등을 평가하기
  - 잘못된 결론을 도출하게 된 논리상의 오류 식별하기
  - 명시적으로 드러난 내용과 숨겨진 내용 구별하기
  - 설득을 위하여 글쓴이가 사용한 표현기법 식별하기(정서적, 윤리적 호소 등)
  - 독서 자료에 나오는 서로 다른 관점 식별하기

(4) 사회적 상호작용을 위한 독서

① 독서 자료
- 개인 사이의 관계를 원만하게 수립하고 유지하고 발전시키기 위해 우정을 나누는 편지, 엽서, 메모, 노트, 메시지, 출판된 편지와 일기, 신문과 잡지의 기사, 친구 사이의 전자 편지 등의 독서 자료 읽기

② 독서 활동
- 친구나 어른들과의 사회적 관계를 원활하게 수립하기 위해 독서 경험 공유하기 (소집단이나 짝과 함께 낭독하거나 묵독하기)
  - 글쓴이 나이, 성, 사회적 지위, 문화적 전통 등을 고려하기
  - 사회적 의사소통에 적합한 표현 방식 인식하기(비공식적이거나 특정 문화와 연관되는 표현방식, 전자 편지, 예절 등)

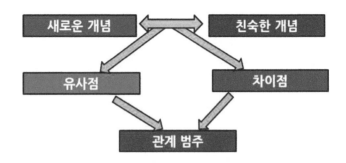

독서지도 필요성	- 책을 읽지 않는 습관을 방지하고 능동적인 독서습관을 기르게 한다. - 올바른 독서자료 선택과 독서 흥미의 편향성을 막는다. - 독해력과 감상력을 높여 독서 효과를 배가시킨다. - 독서 내용을 실생활에 응용하도록 배가시킨다. - 독서 곤란 아를 예방하고 치료한다.
독서지도 시 고려할 점	- 독서는 타인의 강요에 의한 활동이 아니고 어디까지나 개인의 자발적인 활동임. - 독서지도는 독서에 적응하는 것이 수단이며 궁극의 목적은 생활지도에 있다. - 독서에 의한 생활지도는 자기 지도를 원칙으로 하고, 교사는 조언이나 격려하는 입장에 있어야 한다는 것. 즉, 열쇠는 피교육자에게 있다는 것. - 획일적인 틀에 개인을 맞춰 넣은 것이 아니고 개인차에 알맞은 독서인격 형성. - 독서 지도의 원리에 따라 계획적인 작용이 있어야 한다는 것.
독서지도의 형태	- 자유 독서 : 자유로이 선택해 자발적으로 폭넓게 독서하는 것을 장려한다. - 과제 독서 : 각종 도서 목록을 제시하여 독서 재료 선택을 원조한다. - 독서 상담 : 학생들의 독서에 관한 상담에 응한다. - 독서회 : 동호 자를 조직하여 함께 책을 읽도록 한다. - 독서 발표회 : 독서 감상을 상호 간에 발표하도록 한다. - 독서 토론회 : 독서에 관한 의견을 교환시키고 지도 교사의 말씀을 듣는다. - 독서일지 : 독서에 관한 일기를 쓰도록 한다. - 독서 감상문 : 독후 감상이나 서평을 쓰도록 한다. - 독서 연극(모의재판, 독서 구연 포함) 발표회 : 독후감 또는 내용을 연극 (모의재판, 독서 구연)으로 발표하도록 한다. - 독서 안내 : 각종 도서 목록을 제시해 독서 재료 선택을 원조한다. - 시청각적 보조 : 영화, 음반, 게시 등을 이용해 독서생활을 지도한다.
효과적 도서지도	- 독해의 기능과 사고 과정의 연관성 중시 - 설명, 시범, 독해 연습, 강화 등의 단계를 밟는 직접 교수법 적용 - 독해 기능과 글 내용의 연관성 중시 - 말하기 듣기 쓰기 등과의 유기적 연계 - 글의 특성에 따라 알맞은 수업 모형 적용 - 학생들의 자율적이고 계획적인 독서습관 및 태도 강조
독서능력	- 독서능력이란 문자언어를 인식하는 것에서부터 문장을 이해하고 문장과 문장 사이의 숨은 의미를 파악하고 이를 평가하고 감상하는 능력까지를 포함하는 종합적인 사고 과정 이라 할 수 있다. 독서능력은 복합적 능력을 기초로 하므로 상위개념의 능력이라고 볼 수 있다. 문자를 인지하는 능력, 어휘를 판별하는 능력, 이미 학습한 어휘를 기 억하여 책에서 읽은 어휘와 연결하는 능력, 이해한 내용을 비판하고 감상하는 능력 등이 필요하다.

독서지도 원리

(1) 동기의 원리(자발성의 원리)

- 독서는 강제로 시켜서는 안 된다. 그러므로 교사는 학생들이 자발적 동기에 의해 독서를 할 수 있는 분위기를 조성해 주어야 한다. 그러기 위해서는 독서 의욕을 유발할 수 있는 여러 가지 수단을 마련하지 않으면 안 된다.

(2) 선택의 원리

- 독서 재료를 적절히 선택할 수 있게 준비하여 그 상담에 응함과 아울러 점차적으로 자주적인 선택이 이루어질 수 있도록 해야 한다. 그러기 위해서는 도서 선택의 방법을 잘 습득할 수 있도록 지도해야 한다.

(3) 능력의 원리

- 학생의 독서능력에 알맞은 독서 재료를 제공하여 독서능력을 보다 발달시키도록 하여야 한다. 이를 위해선 독서능력 진단을 하여 발견된 개인차에 따라 적절한 지도를 해나갈 필요가 있다.

(4) 흥미의 원리

- 독서에 대한 흥미를 길러 그 흥미와 관련된 생활의 흥미를 여러 방면에서 조화롭게 전개해 나갈 수 있도록 지도해야 한다.

(5) 개성화의 원리

- 독서를 통하여 자아를 깨닫게 하고, 자기의 개성을 이해하도록 하여야 한다. 이를 바탕으로 스스로 개성을 신장시키도록 이끌어 주어야 한다.

(6) 환경의 원리

- 학생의 생활환경을 정리하여 더욱 좋은 독서 환경을 조성해야 한다. 나아가 학생 스스로 적극적으로 참가하고 협력하도록 지도해야 한다.

(7) 목적의 원리

- 독서의 목적을 의식하고 그 목적에 맞추어 그것을 사용하지 않으면 무익한 것이 되기 쉽다. 따라서 책을 읽기 전에 먼저 독서 목적을 확인시키도록 한다.

(8) 통합의 원리

- 독서를 생활로부터 유리시키지 않고 독서 이외의 모든 활동과 통합시켜야 한다. 이를 통해 궁극적으로 개인의 인격에 통합될 수 있도록 지도하여야 한다.

(9) 사회화의 원리

- 독서는 개인적 활동이기 때문에 자칫하면 생활이 고립화될 우려가 있다. 따라서 교사는 그러한 폐단을 막고 더불어 생활을 영위할 수 있도록 지도해야 한다.

(10) 평가의 원리

- 지도의 효과에 대한 계속된 평가 때문에 목적 실현을 확인하고 지도 방법을 개선해 나가야 한다. 또한, 학생 자신도 자기 평가를 하게 하여 독서 생활의 향상을 도모해 나가도록 지도해야 한다.

(11) 치료의 원리

- 독서의 발달이 지체되거나 인격적인 결함을 보이는 학생에 대해서는 독서를 통하여 그 원인을 제거하고, 정상으로 회복시킬 수 있도록 지도해야 한다.

FOUNDATION STEP

창의이미지언어로 리딩하라!
C.I.L. Academy

만남 & 언어

태초에 하나님이 천지를 창조하시니라
In the beginning God created the heavens and the earth.
창세기 1장 [개역 개정/NIV]

태초에 말씀이 계시니라
이 말씀이 하나님과 함께 계셨으니 말씀은 곧 하나님이시니라
In the beginning was the Word,
and the Word was with God, and the Word was God.
요한복음 1장 [개역개정/NIV]

어떤 언어를 만날 것인가?

인간에게 신은 〈태초에 천지를 창조하시며 말씀으로 알게 하셨다〉 우리에게 운명적인 언어의 만남은 무엇일까? 어떤 생각으로 언어를 사용할 것인가의 답을 찾는 과정이 진정한 배움이다.

운명적인 만남

타인을 배려하고 공감하는 몸을 만들기 위한 운명적 만남은 어떻게 찾아야 할까? 이어령 교수는 사랑하는 연인을 만나는 것처럼 자연스럽게 자신에게 맞는 책을 찾았을 때라고 말했다. 누군가 정해준 권장도서로 책을 읽기만 하는 것은 글 속에 깨달음을 통해 성장하며 생성되는 〈공감언어〉를 만들기 어렵다.

20대, 30대, 40대의 많은 사람이 공자의 논어가 운명적인 만남이라 말한다. 논어를 읽고 정리하며 깨닫게 된 배움의 과정이 세대를 아우르는 공감을 만들고 있다.

어느 해 나는 일주일에 5개의 논어독서반을 다양한 청년들에게 가르치는 수업을 맡게 되었다. 논어를 한 번도 정독으로 읽어본 적이 없는 나는 한 주 분량의 논어 코치 내용을 익히고 이해한 것을 동일하게 5번씩 반복하며 읽어갔다. 다양한 사람들에게 같은 내용을 소통하고 그들의 서로 다른 생각을 듣는 동안 인문고전이 재미있어졌고 토론하는 즐거움에 빠지게 되었다.

1년 동안 책 한 권을 그렇게 읽었다. 80여명의 청소년, 청년, 직장인, 시니어 등과 함께 천천히 깊게 공감하며 읽는 1권에 독서토론은 지금까지 갖고 있던 생각의 고정관념을 내려놓게 했다. 내 생각에 다른 사람의 생각을 수용하고 타인의 생각으로 그 주제의 핵심을 찾는 담론은 삶을 바꾸는 운명적인 만남이 된다.

지성은 홀로서는 고매한 것이다

지성의 깊이는 홀로 고민하는 시간을 필요로 한다. 배움에 대한 지성을 정리하기 위해서는 하루 중 일정 시간은 책 속에서 학(學)에 대한 정보로 습득한 데이터를 기반으로 자기 생각을 정리해야 한다. 이후에 몇 시간은 이 데이터를 누군가에게 내 언어로 이야기하는 시간이 필요하다. 관계성을 통해 내 생각이 타인의 생각과 만나서 충돌할 때에 독서로 삶의 존재감을 느끼게 된다.

그것이 배움을 통해 초라한 언어에서 당당한 이름으로 서게 해주는 행복이 된다.

이런 관점으로 배움을 정리해보면 대학에서 지성을 연마했다는 것은 자신만의 언어를 만들게 되었다는 것이 된다. 그런 배움이 어떤 환경에서도 흔들림 없는 지성을 갖게 한다.

중국의 역사는 공자를 기준으로 2,500년 이후 2,500년으로 나눈다. 그만큼 중요한 인물이다. 그러나 그는 16년간의 천하를 돌며 자신의 정치철학을 알아주는 나라를 찾으려 맘고생 했다. 아버지를 3세, 어머니를 16세에 잃고 아내와 사랑하는 제자들을 먼저 보내고 아들과 손자의 며느리도 집을 나가는 등 여러 어려움 속에서도 흔들리지 않는 지성을 보여주었다. 그러나 역사속에서 공자만큼 고생을 한 사람들은 너무도 많다. 그런데도 그가 다른 철학자들과 다르게 지금까지 사랑받는 것은 <논어>라는 언어를 만들었고 공자가 여러번 찾아가 예(禮)를 물었던 노담은 <도덕경>이라는 도(道)의 언어를 만들었기에 사람들의 기억에 살아남았다.

세종대왕이 만든 한글은 어떤가? 6년간의 고행을 통해 죽음을 경험하고 8만4천 법문을 만든 부처와 조선의 백성들을 사랑하는 마음으로 창제되어 조선시대 부흥의 절정기를 만들었다. 행위의 중요성에 맞춰 살다 보면 결국 무엇을 하며 살아야하는 가를 질문하게 되고 가치와 신념으로 치열하게 살게 되지만 그것이 그 시대를 뛰어넘는 주인으로 만들어주지는 않는다. 세상과 소통하며 공감하는 자신만의 언어가 있을 때 시대정신을 뛰어넘는 위대함이 나온다. 신도 세상을 창조하기 위해 말씀을 사용하였다. 새로운 세상에 미래언어를 만들기 위해서는 생각과 감정과 행동이 깊고 크게 열려야 한다. 그러면 삶의 길이 달라지고 운명적인 만남을 갖게 될 것이다.

▌차이의 힘

일상의 작은 차이를 만드는 것이 언어의 힘이다. 우리의 배움에 한정성을 갖게 되는 것은 문헌적 공부가 삶의 현장에 적용되지 않기 때문이다. 공부가 인생과 연결이 잘 안 되는 것을 어떻게 해결할 것인가에 방법을 찾아야 한다. 이후에 삶에 적용하는 반복이 중요하다. 하루에도 끊임없이 내 마음에 파동치는 텍스트와 만나야 하고 일상의 소소한 생각들 속에서 나에게 맞는 공감언어를 훈련해야 한다.

미래사회는 신분과 인종과 나이를 뛰어넘는 언어가 특별한 능력이며 지성을 확장하는 중요한 방법이 된다. 읽고 쓰는 행위를 하는 사람들을 우리는 철학자라고 한다. 그들은 그 시대에 지성인이며 최고의 신분을 차지했던 사람들이다. 반대로 언어가 빈곤하기 짝이 없는 사람들은 마음속 꿈과 바람들이 삶의 실상에 담기지 않는다. 그 나이에 맞는 모습을 갖지도 못한다.

공감력이 뛰어난 언어는 삶에서 경험한 것이 어떤 것이냐에 따라 차이가 나타낸다. 소소한 일상의 에피소드에서도 사건을 만들어내는 심미적인 관점들이 좋은 이야기를 끄집어내는 소재가 된다. 그러나 우리의 일상은 대부분 누군가가 해놓은 것을 구경하는 것에 익숙하다. 예능마저도 구경하는 우리의 삶, 인위적으로 조작된 짧은 이야기에 만족하고 호흡이 긴 이야기는 점점 멀리한다. 결국, 남의 이야기를 보고 듣고 웃느라 정작 자신의 이야기를 놓치고 만다.

만남과 언어

박제가, 홍대용, 유수원, 연암 박지원은 조선후기 실학파 중에서 북학파(北學派)로 분류된다. 북학의 반대는 남학이 아니라 북벌(北伐)이다. 효종은 북벌을 국시로 내세웠다. 북벌이라함은 청(淸)나라 오랑캐를 정벌하자는 것이다. 그러나 조선은 군사력을 키운 적이 없다. 또한, 조선은 그 당시 북벌할 능력도 의지도 없었다. 이것은 마음속에만 있는 이데올로기라 할 수 있다. 병자, 정묘 양란을 겪으며 조선은 청나라의 신하 국가가 되었다. 그 자체가 수치인 것은 둘째 치고 조선 사회의 지배 구조 자체가 와해 될 위기에 처해 있는 조선이었다.

언어는 환경과 상황에 따라 다른 인물들을 만든다. 그것에 정답은 없다. 그러나 어떤 언어를 쓰고 있느냐에는 공통점이 있다.

북학이란 <맹자(孟子)>에 나오는 말로 17, 8세기 청에서 일어난 학문을 가리켜 우리나라에서 불렀던 용어이다. 박제가의 북학의에서 비롯된다.

대한민국에도 중국의 장자 같은 문체로 그 비범함을 세계에 떨친 선각자가 있다. 연암 박지원은 6개월간 건륭제(70세, 만수제)에 초청받아 중국 열하를 방문하며 보고 들은 것들을 정리한 인물이다.

〈연암 박지원〉

1737~1805,
-조선후기,
-실학자,
-문학가,
-소설가
-열하일기,
-허생쟁,
-양반전

박지원의 언어는 자유분방하며 창의적인 문구로 유명하다. 그 당시 양반이었던 신분으로 할 수 없는 불가촉 천민들과 스스럼없이 만나 이야기하고 자신의 생각을 나누었다. 조선시대 양반이라면 도저히 경험할 수 없는 사건과 이야기들로 넘쳐났다. 일상의 에피소드는 호기심을 유발하는 스토리텔링을 만드는 데 필요한 환경이다. 그런 유연한 문장으로 현실의 틀에 안주하지 않고 사대부들의 허위의식에 빠진 세태를 비판하였다. 그가 쓴 양반전에는 부자가 양반의 신분을 돈으로 사고파는 세태와 양반의 횡포, 허례허식을 풍자하였다. 그만의 언어를 만들어내고 우리가 그것을 읽고 배우기에 우리는 그를 북학의 선두주자라고 기억한다.

영화 <천문>,
2020

조선시대의 동일한 환경에서 신하의 역할을 자신의 언어로 소통한 연암 박지원과 같은 인물도 있으나 나라를 대표하는 왕의 관점에서 만들어진 언어도 있다. 최근 영화로 개봉되어 더욱 의미 있는 만남으로 정리된 세종대왕과 장영실의 이야기 <천문, 하늘에 묻는다>이다.

세종은 엄청난 신분 차이를 뛰어넘는 특별한 우정으로 혁신적인 시대정신을 만들어낸 남다른 관계 언어를 갖고 있다. 상상을 초월하는 독서량으로 습득된 배움을 일상에 필요한 것과 소통하기 위해 노력한다. 어느 시대나 정치, 경제, 문화적 부흥을 위해 노력한 왕은 많다. 그러나 그들의 이름은 다 기억되지 않는다. 치열하게 삶을 살아내는 것만으로도 가치가 있는 것이지만, 그것으로 만들어진 시스템과 복지제도가 늘어나는 정도로 시대정신은 생기지 않는다.

세종의 남다른 언어는 세상과 소통하기 위해 필요한 인재를 등용함에 있어 시간과 장소와 대상을 가리지 않는 유연함에 있다. 그는 매일 아침 열리는 경연을 통해 끊임없이 <인재를 어떻게 구할 것인가> 물었다. 조선왕조실록에 등장하는 왕의 평균적인 경연 횟수는 100회를 넘지 않는다. 그러나 세종은 1,000회가 넘는 경연을 통해 신하들과 끊임없이 자신의 배움과 나라를 위한 일로 소통하였다.

역사상 가장 위대한 왕 세종은 조선시대 노비들을 위해 출산휴가를 주어 쉼을 갖게 하였으며 관노로 태어난 장영실을 종3품 대호군으로 파격 승진을 시키며 천재 과학자의 재능을 발휘하게 하였다. 20년이란 세월을 함께하며 위대한 업적을 이뤄낸 두 사람이지만, 청나라의 속국으로 시대정신을 뛰어넘지 못하는 조선의 문무대신들의 반대에 직면한다. 그런 환경속에서도 조선의 시간과 하늘을 만들고자 노력했던 그들의 숨겨진 이야기는 결국 <인재를 어떻게 구하고 쓸 것인가>로 모아진다.

조선 1447년, 세종 29년 문과별시 과거시험의 마지막 관문이었던 <책문>에는 인재의 종류를 이렇게 정리해주고 있다. 견문이 많고 총명하며 재주가 있으나 탐욕스러운 사람, 신중하고 성실하며 몸가짐을 조심하고 지조를 굳게 지키나 속마음은 부드러운 사람, 행정처리를 잘해 이름이 드러나 오래 자리를 지키고 있으나 일벌이기를 좋아하는 사람, 어리석고 거칠며 사려가 없고 학문을 하지 않았으나 마음이 정직한 사람, 오랑캐를 누를 만한 위엄을 갖고 있으나 늘 자신을 단속하는 사람 등이다. 영화속에서 장영실이 보여주었던 모습들이 <책문>에 쓰인 내용이다.

우리가 삶에서 만나야 할 언어는 열린 마음이어야 한다. 어떤 대상에게도 배울 것이 있으며 어떤 관계에서도 섬길 수 있는 열린마음이다.

FOUNDATION STEP

C.I.L. 창의이미지언어로 리딩하라!
Academy

CIL & 분석

신은 만인을 평등하게 창조하셨다. 그런데도
왜 어떤 사람들은 다른 사람들보다
더 큰 성취를 이루는가?
그것은 그들이 비전, 열정을 가졌고,
그것을 실행으로 옮겼기 때문이다.
-토머스 J. 빌로드

God created all men equal.
Why do some accomplish far greater
accomplishments then others?
Because they had a vision, a desire,
and they took action
-Thomas J. Vilord

평면(도형), 입체(소리)와 독서를 활용하여
읽고, 그리고, 연상하고, 토론하는 과정을 통해
창의적인 생각과 감정과 행동의 깊이를 공감하고
소통하는 창의이미지언어교육

평면사고
미술매체

입체사고
영상매체

행동유발
심리매체

통합사고
인성향상

생각, 감정, 행동의
생성과정을 구체적인 연상이미지로
가능하게 도와주는 창의언어교육.

텍스트지표와 **이미지지표**를 활용
생각, 감정, 행동의 깊이를 만들고
소통하는 창의언어교육.

창의이미지언어
CREATIVE
IMAGE
LANGAGE

읽 기 READING

그리기 DRAWING

연 상 THINKING

토 론 DEBATE

개인의 맞춤형 역량을 보다 매력적이며 쉽고 분명하게 정리하여 만족감을 높여줍니다.

C.I.L. 창의이미지언어로 리딩하라!
Academy

[선천적역량 + 후천적역량]

차이를 알고 스스로 체크하며
자신의 진로와 역량을 습득하는 코칭

씰 운명카드게임

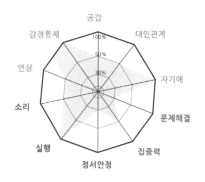

후천적 역량

CIL TYPE

선천적 역량

직면 ▶ 의심 ▶ 갈등 ▶ 믿음 ▶ 성취 ▶ 지혜 ▶ 융합 ▶ 소통

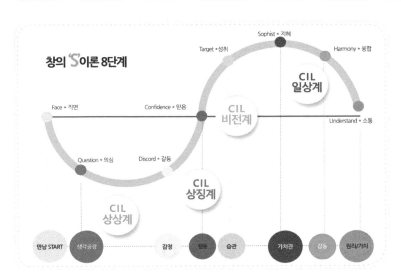

창의 'S'이론 8단계

Sophist • 지혜
Target • 성취
Harmony • 융합
CIL 일상계
Face • 직면
Confidence • 믿음
CIL 비전계
Understand • 소통
Question • 의심
Discord • 갈등
CIL 상징계
CIL 상상계

만남 START | 생각공장 | 감정 | 행동 | 습관 | 가치관 | 감동 | 원리/가치

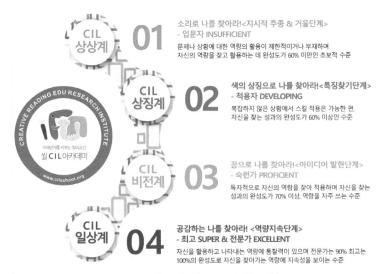

CIL 상상계 **01**
소리로 나를 찾아라! <지시적 추종 & 거울단계>
- 입문자 INSUFFICIENT
문제나 상황에 대한 역량의 활용이 제한적이거나 부재하며
자신의 역량을 찾고 활용하는 데 완성도가 60% 미만인 초보적 수준

CIL 상징계 **02**
색의 상징으로 나를 찾아라! <특징찾기단계>
- 적용자 DEVELOPING
복잡하지 않은 상황에서 스킬 적용은 가능한 편,
자신을 찾는 성과의 완성도가 60% 이상인 수준

CIL 비전계 **03**
꿈으로 나를 찾아라! <아이디어 발현단계>
- 숙련가 PROFICIENT
독자적으로 자신의 역량을 찾아 적용하며 자신을 찾는
성과의 완성도가 70% 이상, 역량을 자주 쓰는 수준

CIL 일상계 **04**
공감하는 나를 찾아라! <역량지속단계>
- 최고 SUPER & 전문가 EXCELLENT
자신을 활용하고 나타내는 역량에 통찰력이 있으며 전문가는 90% 최고는
100%의 완성도로 자신을 찾아가는 역량에 지속성을 보이는 수준

CREATIVE READING EDU RESEARCH INSTITUTE
마음을 키우는 창의공간
씰 CIL 아카데미
www.cilschool.org

만남 ▶ 생각공장 ▶ 감정 ▶ 행동 ▶ 습관 ▶ 가치관 ▶ 세계관 ▶ 감동 ▶ 원리

C.I.L. Academy
창의이미지언어학교

창의이미지언어

언어＊도형
창의적 문제해결
예측 검사

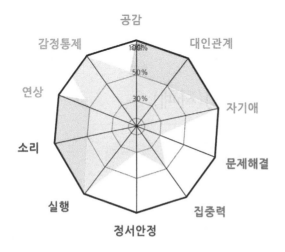

[종합결과▶]

구 분	E[0~4]	D[5~8]	C[9~12]	B[13~16]	A[17~20]
유창성					
융통성					
독창성					
정교성					

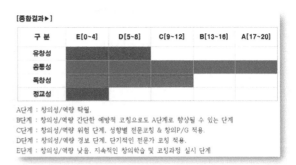

A단계 : 창의성/역량 탁월.
B단계 : 창의성/역량 간단한 예방적 코칭으로도 A단계로 향상될 수 있는 단계
C단계 : 창의성/역량 위험 단계. 성향별 전문코칭 & 창의P/G 적용.
D단계 : 창의성/역량 경보 단계. 단기적인 전문가 코칭 적용.
E단계 : 창의성/역량 낮음. 지속적인 창의학습 및 코칭과정 실시 단계

[창의적 문제해결역량]

일상의 갈등과 문제들을 발견하고 이해하며
해답을 찾아 해결하는 창의코칭강화

핵심역량	분석항목
감정통제	느긋함을 즐기는 능력
문제해결	소진 극복능력
공감	공감능력
실행	실행력, 지구력
소리	절대음감
집중력	주의력 결핍, 과한행동
연상	주관적 행복감, 관련연상
정서안정	정서적 안정감
대인관계	회피경향
자기애	자기중심성(자폐)

유창성　　독창성　　융통성　　정교성

DNA 데이터 + 창의역량코칭

신(新)성장동력으로 미래진로를 찾는 코칭지원
스스로 삶의 가치를 찾아가는 방법지도

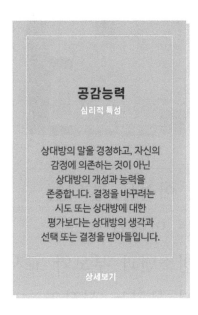

공감능력
심리적 특성

상대방의 말을 경청하고, 자신의 감정에 의존하는 것이 아닌 상대방의 개성과 능력을 존중합니다. 결정을 바꾸려는 시도 또는 상대방에 대한 평가보다는 상대방의 생각과 선택 또는 결정을 받아들입니다.

상세보기

공감능력
강함

다른 사람의 입장에 자신을 대입하여 다른 사람들이 경험한 것을 이해하거나 느낄 수 있는 능력입니다.

👤 나와 유사한 사용자　　**0.2247**%

공감능력
심리적특성

분석된 유전자형	유전자 분석결과	나와 유사한 사용자 비율
6개	강함	**0.2247**%

나의 공감능력은 강함니다.

다른 사람의 입장에 자신을 대입하여 다른 사람들이 경험한 것을 이해하거나 느낄 수 있는 능력입니다.

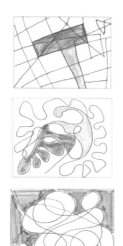

우선순위의 결정선택이 어려운 청소년
문제에 직면하지 못하는 아이와 부모
공감능력이 떨어지는 청소년과 부모와 교사
계획은 있으나 실행하지 못하는 직장인
실패와 두려움에 왜곡이 있는 사람들
집중력이 떨어지는 아이들
마음속 상상이 자유롭지 못한 교사
정서적 안정감이 필요한 사람들
공부에너지가 떨어진 학생들
자기중심적인 사고만 발달한 아이들

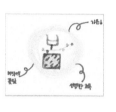

CIL & 코칭

신은 만인을 평등하게 창조하셨다. 그런데도
왜 어떤 사람들은 다른 사람들보다
더 큰 성취를 이루는가?
그것은 그들이 비전, 열정을 가졌고,
그것을 실행으로 옮겼기 때문이다.
-토머스 J. 빌로드

God created all men equal.
Why do some accomplish far greater
accomplishments then others?
Because they had a vision, a desire,
and they took action
-Thomas J. Vilord

과연, 우리는 어떤 방법으로 공부하고 무엇을 배워야 할까?

지구상에서 가장 바둑을 잘 두는 이세돌 프로는
자신보다 더 우월한 알파고, 한돌의 등장으로
더는 바둑을 지속해야 할
동기를 찾지 못하고 은퇴경기를 가졌다.

아무리 노력해도 그 분야에 최고가 될 수 없다는
사실을 인정하는 순간 그는 바둑돌을 내려놓았다.

이제 인간은 기계와의 대결에서 승리해야
능력이 있는 사람으로 인정받는 평가 기준이 생겼다.

그러나
과연 인간이 기계와의 싸움에서 어떤 배움을 얻을 수 있는가?
지금까지 이세돌 이외에 어떠한 인간도
인공지능 AI에게 이긴 사람은 없다.

인간만이 갖고 있는
강점과 약점을 코칭으로 성장시켜라!

C.I.L. Academy
창의이미지언어로 리딩하라!

코칭 카테고리				색	소리	교육적용
탐색단계	**창의 역량 Pretest & Posttest 검사**					-테스팅 -검사지
리 딩 Reading -인문고전 -이솝우화	**상상** 문제직면	**영혼**	**직관**	빨강 파랑 검정 흰색	인디언 SOUND 뉴욕재즈 SOUND 베토벤 - 월광 소나타 이집트 SOUND	씰교재
그리기 Drawing -1칸& 3칸	**상징** 문제인식	**정신**	**감각**	노랑 노랑 분홍	파헬벨 - 캐논 슈베르트 - 세레나데 이탈리아 거리공연(금관)	씰교재 CIL note
연상하기 Bring -핵심단어, 문장 -Storytelling	**비전** 문제이해	**마음**	**감정**	녹색 보라	쇼팽 - 녹턴 바하 - G선상의 아리아	씰교재 STP
토 론 Debate -에세이, 컬럼	**일상** 문제해결	**몸**	**생각**	은색 금색 회색	엘가 - 사랑의 인사 아프리카 SOUND 유럽 거리공연	씰교재 CIL note

C.I.L. Academy
창의이미지언어로 리딩하라!

씰아카데미 창의이미지언어 독서진행단계

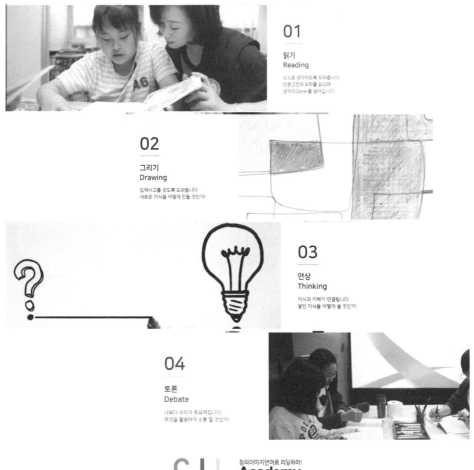

01
읽기
Reading

스스로 생각하도록 도와줍니다
인문고전과 우화를 읽으며
생각의 Data를 쌓아갑니다.

02
그리기
Drawing

입체사고를 갖도록 도와줍니다
새로운 지식을 어떻게 만들 것인가!

03
연상
Thinking

지식과 지혜가 연결됩니다
쌓인 지식을 어떻게 쓸 것인가!

04
토론
Debate

나보다 우리가 중요해집니다
무엇을 활용하여 소통 할 것인가!

창의이미지언어로 리딩하라!
C.I.L. **Academy**

- 인원 : 1팀에 8~10명 내외로 구성한다.
- 대상 : 초등, 중등, 고등, 대학, 교사, 학부모, 직장인, 임직원 및 CEO 등

1단계 : 인문고전*이솝우화의 주제글 읽고 토론하기

- 매장에 제시되는 인문고전*이솝우화를 한편씩 읽는다.
- 주제글에 나타난 내용 중에 중요문장/단어를 선택한다.
- 핵심단어와 문장을 활용하여 토론한다.

2단계 : 핵심단어로 연상하기

- 핵심문장속에서 중요한 핵심단어를 찾는다.
- 핵심단어와 자신의 경험, 지식 등을 연상하여 토론한다.

3단계 : 핵심단어로 창의이미지언어 그리기

- 핵심단어로 연상되는 경험을 생각한다.
- 경험을 생각하며 이미지로 연상한다.
- 작품에 제목을 붙여본다.

4단계 : 핵심문장, 단어 & 이미지로 글쓰고 토론하기

- 주제정리와 핵심단어, 이미지로 정리된 내용을 글로 정리한다.
- 인문고전*이솝우화의 핵심이 되는 중심교훈을 정리한다.
- 자신의 글에 제목을 정한다.
- 자신이 글을 쓴 돌아가면 읽어본다.

창의이미지언어 독서수업

Fair Start for Children

몸을 움직이며 공부해요!

소리를 내며 리딩해요!

친구의 의견을 경청해요!

차이를 관찰해요!

이미지를 떠올리며 연상해요!

호기심과 재미에 집중해요!

마음속 생각을 이야기로 만들어요!

나열하고 연결해요!

C.I.L. Academy
창의이미지언어로 리딩하라!

탐색단계
TESTING

C.I.L ONEDAY Class

〈창의적인 문제해결을 위한 씰 역량검사〉

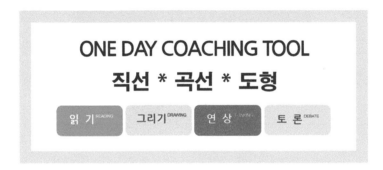

시험단계
FOUNDATION

-오감으로 체험하는 씰 생각정리법

〈선, 도형, 소리, 색을 이미지언어로 정리하는 수업〉

<table>
<tr><td>

전문단계
INTERMEDIATE

</td><td>

-이미지의 향기로 만나는 다빈치코칭 〈4회기〉
-색의 상징으로 연상하는 니체코칭 〈4회기〉
-소리로 연상하는 논어코칭 〈4회기〉

</td></tr>
</table>

자율단계
MASTER

국가민간자격증 발급

-자격과정 기본과정 & 심화과정 운영

①기본과정

씰 이론 및 이미지언어의 이해, 상상유발법
원데이 & 정규과정*3회) 총 270분 이수시 수료

②심화과정

씰 코칭 매체 경험 및 수업개발 발표, 씰교재 사용법
원데이 & 정규코칭과정(3회) 총 300분 이수시 수료

CIL 기본과정 커리큘럼(12회)

01 STEP
Orientation

씰 교재 소개
창의적인 자기소개법
CIL Pretest

CIL 검사지

02 STEP
씰코칭 - 점

점으로 상상하기
-핵심단어/문장
-ONE Image

STP CARD

03 STEP
씰코칭 - 선

선으로 창조하기
핵심단어/문장
3 Image

CIL Note

04 STEP
씰코칭 - 숫자

숫자로 스토리텔링 하기
-핵심단어/문장
-ONE Image

STP CARD

05 STEP
씰코칭 -이미지

이미지로 리딩하기
-핵심단어/문장
-3 Image

CIL Note

06 STEP
씰코칭 - 논어

공자의 배움을 리딩하라
-핵심단어/문장
-ONE Image

토론주제 - 학

07 STEP
씰코칭 - 우화

CIL로 리딩하라!
사자를 본적 없는 여우
핵심단어/문장
3 Image

CIL Note

08 STEP
씰코칭 - 니체

두려워하면 패배한다
-핵심단어/문장
-ONE Image

CIL Note

09 STEP
씰코칭 - 우화

CIL로 리딩하라!
사랑에 빠진 사자와 농부
핵심단어/문장
3 Image

CIL Note

10 STEP
씰코칭 - 손자

손자병법 - 찰하라!
-핵심단어/문장
-ONE Image

1장 - 시계편

11 STEP
씰코칭 - 우화

CIL로 리딩하라!
피리부는 어부
핵심단어/문장
3 Image

CIL Note

12 STEP
씰코칭 - 분석

평가 & 분석
-CIL POSTTEST
-Feedback

CIL 검사지

C.I.L. Academy
창의이미지언어로 리딩하라!

꼬리에 꼬리를 무는 연상독서
책 읽기가 깊고 넓어집니다!

Orientation

창의적인 자기소개법
CIL Pretest

-검사지

슈베르트 세레나데

감각 – 노랑(정신)

일상을 연결하는 이미지와 문장으로 나를 소개한다!

수없이 사용한 자신의 이름을 활용하여 과거의 기억 속에 저장된 이미지를 연상하고
연결하여 삶의 일상으로 가져와서 자신의 에피소드로 구성한 후 토론을 시작한다.

▎ 이름을 활용한 자기소개 연상하기

- 자신의 이름 3글자 중(보편적)에 한자씩 활용하여 연상되는 이미지를 그린다.

- 예를 들어 이름이 김/태/연이라고 한다면 김(金)자하면 떠오르는 이미지를 3개의 칸에 각각
하나씩 그린다. 김이 모락모락 피어나는 굴뚝을 그릴 수도 있고 먹는 김을 그릴 수도 있다. 두
번째로 태(太)자하면 떠오르는 이미지를 동일한 방법으로 그린다. 태양을 그린다거나 태극기를
그린다고나 해서 이름의 한자를 이미지로 힌트와 연결되게 그리도록 한다.

- 이름이 두 자인 경우는 한 칸을 비우면 되고 4자인 경우 이름만 그려 퀴즈에 참여한다.

- 퀴즈를 맞히기 어려운 이미지를 그린 친구는 2차로 힌트를 주며 맞추도록 한다.

▎ 자신을 소개할 수 있는 문장으로 퀴즈를 만들다

-이미지로 자신의 이름을 소개하였다면 이제는 문장으로 소개해 본다.

-총 5개의 자신을 소개하는 문장을 작성한다.

-4개의 문장을 진실로 자기를 소개하는 문장을 작성한다.

-1개의 문장은 거짓으로 자기를 소개하는 문장을 작성한다.

-쉬운 문장으로 거짓문장을 만들기보다 난이도 있게 문제를 만들고 퀴즈에 참여하게 한다.

▎ 12주간의 교육 커리큘럼과 진행방법

-첫 시간과 마지막 시간은 씰검사지를 작성하고 분석하여 피드백하는 시간을 갖는다.

-2차시에서 5차시까지는 점, 선, 도형, 이미지를 활용한 사고유발코칭이 진행된다.

-6차시부터 11차시까지는 인문고전의 문장과 이솝우화를 활용한 <씰 토론코칭>이 진행된다.

-교재의 양식을 성실히 작성하며 토론에 참여한다.

미 래 인 재 를 키 우 는 창 의 공 간

소개합니다!

*일시 :   *이름 :

자신의 이름을 이미지로 그려보고 맞춰보세요!

자신을 소개하는 4개의 진실문장과 1개의 거짓문장을 만들어보세요!

1

2

3

4

5

C.I.L. School
창 의 이 미 지 언 어 학 교

씰 아카데미 - 자기생각 정리하기!

STEP 01. 창의적인 자기소개!

코칭 및 체험을 통해 정리된 내용을 자신의 문장으로 정리해 봅니다.

토론을 통해 느낀 것	내 비전과 연결하기	일상에서 실천할 것

독서와 글쓰기의 바탕은 어휘이해력
차이를 만드는 독서전략

02 STEP

CIL 코칭 - 점
점으로 상상하기

-핵심단어/문장
-ONE Image

거리공연(금관악기)

감각 – 분홍(정신)

나의 상상은 하나의 점으로부터 시작된다!

씰코칭의 첫단계인 〈상상계〉는 마음속 생각을 시작하며 무엇인가를 사물에 연상하는 단계가
아닌 원시적인 무의식 단계에서 내가 보고 듣고 경험한 것들의 연관성을 '점' 하나에서부터 하
나씩 확장하는 것이다.

[오늘의 토론단어]

그리기
Drawing

CREATIVE READING COACHING CENTER
미래인재를키우는창의학교

핵*심*단*어 & 핵*심*문*장 찾기!

큐브핵심단어

핵심단어 정리내리기!

▌씰 스킬코칭 - 점 진행방법

- 좋아하는 색의 사인펜을 선택한다.
- 씰 교재에 네모박스에 10개의 점을 자유롭게 그리고 넘버링을 한다.
- 두 번째 좋아하는 색의 사인펜을 선택한다.
- 다시 10개의 점을 찍어봅니다. 10에서 거꾸로 넘버링해서 적어봅니다.
- 넘버링을 직선그룹과 곡선그룹으로 나누어 그린다.
- 그려진 모양을 활용하여 상상을 시작한다.

씰 아카데미 - 자기생각 정리하기!

STEP 02. 점으로 상상하기!

코칭 및 체험을 통해 정리된 내용을 자신의 문장으로 정리해 봅니다.

토론을 통해 느낀 것	내 비전과 연결하기	일상에서 실천할 것

독서와 글쓰기의 바탕은 어휘이해력
자신의 마음속 생각을 말하는
창의적 글쓰기 전략

03 STEP

CIL 코칭 - 선 LINE
선으로 내 마음속 이야기 창조하기!

-핵심단어/문장
-3 Image

쇼팽 -녹턴

감정 – 녹색(마음)

직선과 곡선으로 마음속 상상을 창조하라!

씰코칭의 가장 많이 쓰이는 직선과 곡선은 다양한 사고의 연상을 이미지로 표현하는 도구입니다. 마음속 깊은 곳의 무의식을 찾아주는 고마운 매체입니다. 마음껏 그리고 상상을 표현해보세요.

[오늘의 토론단어]

CREATIVE READING COACHING CENTER
그리기
Drawing
미래인재를키우는창의학교

숨 * 어 * 있 * 는 <캐 * 릭 * 터> 찾기!

[　　　　　　　　　　　　　　　　　　　　　　　]

▌씰 스킬코칭 - 선 진행방법

- 좋아하는 색의 사인펜을 선택한다.
- 직선과 곡선 중에 하나를 선택하여 마음껏 그린다.
- 끊어지지 않는 하나의 선으로 표현한다.
- 자신의 표현이 끝났다고 생각되면 펜을 떼면 된다.
- 그려진 직선과 곡선의 그림에서 숨은 캐릭터를 찾는다.
- 캐릭터가 등장하는 한편의 이야기를 만든다.
- 서로 자신의 이야기를 발표한다.
- 오늘의 주제단어와 융합한 한 문장을 작성한다.

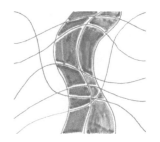

씰 아카데미 - 자기생각 정리하기!

STEP 03. 선으로 창조하기!

코칭 및 체험을 통해 정리된 내용을 자신의 문장으로 정리해 봅니다.

토론을 통해 느낀 것   내 비전과 연결하기   일상에서 실천할 것

독서와 글쓰기의 바탕은 어휘력

책읽기 습관은 흥미로 시작

04
STEP

CIL 코칭 - 숫자
숫자로 스토리텔링 연상하기!

-핵심단어/문장
-ONE Image

뉴욕재즈

직관 – 파랑(영혼)

숫자로 스토리텔링을 연상하라!

일상에 흔히 사용하는 숫자는 창의적인 이야기를 만드는 유용한 도구입니다. 자동차 번호, 전화번호, 주민번호, 역사적 사건이 일어난 년대 등 우리는 숫자에 둘러싸여 있다. 산수나 수학에만 사용하는 것이 아니라 일상의 재미있고 창의적인 이야기를 만들어내는 도구로 사용해 보자.

[오늘의 토론단어]

연상한 이미지로 이야기 만들기!

[   ]

▐ 씰 스킬코칭 - 숫자 진행방법

- 숫자 0~9까지 순서대로 불러주며 그 숫자에 떠오르는 이미지를 그린다.
- 어떤 이미지를 연상했는지 돌아가면서 소개한다.
- 왜 그 이미지를 연상했는지 이유를 물어본다.
- 전화번호나 주민번호 뒷자리를 활용하여 이미지를 나열해본다.
- 단순한 나열도 좋고 재미있는 이야기로 구성하여 숫자를 꾸며본다.
- 이야기를 듣고 전화번호나 주민번호를 맞춰보는 퀴즈를 한다.
- 오늘의 주제단어와 이야기를 융합하여 핵심문장을 작성한다.

씰 아카데미 - 자기생각 정리하기!

STEP 04. 숫자로 스토리텔링하기!

코칭 및 체험을 통해 정리된 내용을 자신의 문장으로 정리해 봅니다.

토론을 통해 느낀 것   내 비전과 연결하기   일상에서 실천할 것

비판적 사고를 키우는 핵심토론
협상과 타협능력을 높이는 토론

CIL 코칭 - 이미지 IMAGE

이미지로 리딩하라!

-핵심단어/문장
-3 Image

바하-G선상의 아리아

감정 – 보라(마음)

나는 이미지로 생각한다!

씰코칭의 핵심적인 사고를 유발하는 방법이다. 추상적인 명화를 활용하여 사고의 유연성을 자극하며 다양한 관점의 질문을 통해 생각과 감정과 행동을 이미지에 연상하는 코칭을 체험한다.

[오늘의 토론단어]

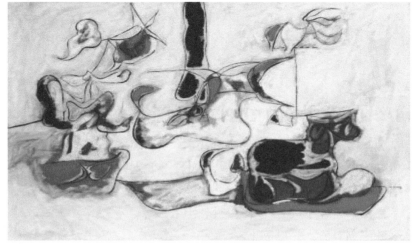

핵*심*단*어 & 핵*심*문*장 찾기!

큐브핵심단어   핵심단어 정리내리기!

[ ]

▌씰 스킬코칭 - 이미지 진행방법

- 추상화 두 편을 자유롭게 이야기한다.
- 이미지를 보고 중요하게 연상된 단어를 3개 선택한다.
- 핵심단어에 대한 이야기를 주제단어와 융합하여 토론한다.
- 토론후에 핵심이 되는 문장을 작성한다.
- 작성된 핵심문장을 나눈다.

씰 아카데미 - 자기생각 정리하기!

STEP 05. 이미지로 리딩하기!

코칭 및 체험을 통해 정리된 내용을 자신의 문장으로 정리해 봅니다.

토론을 통해 느낀 것　　　　내 비전과 연결하기　　　　일상에서 실천할 것

어릴적 잡힌 독서습관
새로운 미래를 열어줍니다!

CIL 코칭 - 논어 학(學)

창의이미지언어로 리딩하라!

-핵심단어/문장
-ONE Image

베토벤 - 월광

직관 – 검정(영혼)

창의이미지언어로 리딩하라 - 학(學)

공자의 논어에는 여러개의 핵심단어가 등장한다. 효(孝), 지(知), 인(仁), 의(義), 예(禮) 학(學), 충(忠), 신(信), 군자(君子) 등이다. 논어의 첫 문장은 학으로 시작된다. 그만큼 중요한 핵심단어라는 의미이다.

[주제 문장]　　學而時習之 不亦說乎　학이시습지 불역열호
　　　　　　　　배우고 때때로 그것을 익히면, 또한 기쁘지 않은가?

　　　　　　　　有朋自遠方來 不亦樂乎　유붕자원방래 불역낙호
　　　　　　　　벗이 먼 곳에서 찾아오면 또한 즐겁지 않은가?

　　　　　　　　人不知而不瑥 不亦君子乎　인부지이불온 불역군자호
　　　　　　　　남이 알아주지 않아도 성내지 않는다면 또한 군자답지 않은가?

큐브핵심단어 　　　　　핵심단어 정리내리기!

*오늘의 핵심단어
　결정하기!　　　[　　　　　　　　　]

[   ]

문장으로 '학' 주제어 정리하기!

[   ]

씰 아카데미 - 자기생각 정리하기!

STEP 06. 창의이미지언어로 리딩하라!

코칭 및 체험을 통해 정리된 내용을 자신의 문장으로 정리해 봅니다.

토론을 통해 느낀 것

내 비전과 연결하기

일상에서 실천할 것

창의이미지언어 독서법리딩
어느새 책과 친구가 됩니다!

07
STEP

CIL 코칭 - 우화

사자를 본적 없는 여우!

-핵심단어/문장
-3 Image

엘가-사랑의 인사

생각 - 은색(몸)

사자를 본 적 없는 여우

사자를 본 적이 없는 여우가
어느날 우연히 사자와 마주쳤다.

사자를 처음 봤을 때 여우는 놀라 죽을 뻔했다.
두 번째 만났을 때도 무서웠으나
첫 번째 만났을 때만큼은 무섭지 않았다.

그러나 세 번째로 봤을 때 여우는 용기를 내어
사자에게 다가가 말하기 시작했다.

큐브핵심단어

핵심단어 정리내리기!

[핵심단어 융합하기!]

[   ]

정리된 생각과 감정	내 비전과 연결하기	일상에서 실천할 것

씰 아카데미 - 자기생각 정리하기!

STEP 07. 사자를 본적 없는 여우!

코칭 및 체험을 통해 정리된 내용을 자신의 문장으로 정리해 봅니다.

토론을 통해 느낀 것   내 비전과 연결하기   일상에서 실천할 것

'씰'코칭
Creative Image Language COACHING

창의 이미지 언어 문제해결

꼬리에 꼬리를 무는 연상독서
책읽기가 깊고 넓어집니다!

창의 CREATIVE
문제 해결 PROBLEM SOLVING
이미지 IMAGE
언어

08 STEP

CIL 코칭 - 니체

두려워하면 패배한다!

-핵심단어/문장
-ONE Image

아프리카 — MUSIC

생각 – 금색(몸)

두려워하면 패배한다!

계보학적, 현상학적 증상에 분석의 중심을 둔 니체는 미리 걱정하는 것보다 문제가 현실에 직면했을 때 정확한 이해와 분석을 통해 해결하라고 주장한다. 감기에 걸리기 전에 그것에 걸릴까 봐 걱정하지 말고 걸리고 난 후에 왜 걸렸는가? 증상에 대한 처방은 무엇인가?를 정확히 진단하는 것이 해결의 지혜라 말한다.

더는 나아갈 길이 없다고 생각하면 개척으로 향한 길이 존재해도 느닷없이 시야에서 사라진다. '위험하다'라고 생각하면 안전한 곳은 사라진다. 이것으로 끝이라 믿으면 종말의 입구로 발을 내딛게 된다. '어떻게 할까'라고 생각하며 불현듯 최선의 대처법을 찾을 수 없게 된다.
  결론은 두려워하면 패배한다는 것이다. 파멸하고 만다. 상대가 너무 강하기 때문에, 지금까지 없던 곤경에 빠져 있으므로, 상황이 너무 나쁘므로, 역전할 수 있는 조건이 갖춰져 있지 않기 때문에 패배하는 것이 아니다. 마음속에 두려움이 가지고 겁먹고 있을 때, 스스로 파멸과 패배의 길을 선택하게 된다.

큐브핵심단어

핵심단어 정리내리기!

*오늘의 핵심단어 결정하기!

[   ]

그리기
Drawing

＊핵심단어＊

[   ]

＜문장＞으로 주제어 정리하기!

[   ]

씰 아카데미 - 자기생각 정리하기!

STEP 08. 두려워하면 패배한다!

코칭 및 체험을 통해 정리된 내용을 자신의 문장으로 정리해 봅니다.

토론을 통해 느낀 것	내 비전과 연결하기	일상에서 실천할 것

창의이미지언어 창의코칭방법
생각하는 시간이 늘어납니다!

09
STEP

CIL 코칭 - 우화
사랑에 빠진 사자와 농부

-핵심단어/문장
-3 Image

이집트 SOUND

직관 – 흰색(영혼)

사랑에 빠진 사자와 농부

사자가 농부의 딸에게 반해 청혼했다.

농부는 차마 야수에게 딸을 줄 수도 없고 두려워서 거절할 수도 없어 다음과 같은 꾀를 생각해냈다.

사자가 자꾸만 조르자 농부가 말하기를 자기는 사자가 사윗감으로 손색이 없다고 생각하지만, 사자가 제 이빨을 뽑고 제 발톱을 자르기 전에는 딸을 줄 수 없다고 했다.

딸아이가 그것들을 무서워한다는 것이었다. 사자는 사랑에 빠져 이 두 가지 희생을 모두 감수했다. 그러자 농부는 사자를 우습게 보고 가까이 다가가서 몽둥이로 때려 내쫓았다.

큐브핵심단어

핵심단어 정리내리기!

[핵심단어 융합하기!]

[   ]

정리된 생각과 감정	내 비전과 연결하기	일상에서 실천할 것

씰 아카데미 - 자기생각 정리하기!

STEP 09. 사랑에 빠진 농부

코칭 및 체험을 통해 정리된 내용을 자신의 문장으로 정리해 봅니다.

토론을 통해 느낀 것	내 비전과 연결하기	일상에서 실천할 것

창의이미지언어로 이해한 어휘력
상상력의 성취동기를 높여줍니다!

10
STEP

CIL 코칭 - 손자병법
찰(察)하라! 시계편

-핵심단어/문장
-ONE Image

캐논- 파헬벨

감각 – 노랑(정신)

찰(察)하라! - 손자병법의 시계

무엇이 보이는가! 잘 살펴서 찰(察)해야한다. 세상에 많은 좋은 것들과 나쁜 것들을 통찰력으로 배려하면 주변이 세심해지고 긍정적인 것들로 채워진다. 그러면 우리는 어떤 일이든 해결할 수 있는 생각을 하게 된다. 이것이 배움을 통해 갖는 유리한 형세 곧 나의 통찰이다.

[주제 문장]　손자왈 병자, 국지대사 사생지지, 존망지도, 불가불찰여.
孫子曰 兵者, 國之大事 死生之地, 存亡之道, 不可不察也.

손자가 말했다.
전쟁이란 백성들의 목숨과 나라의 존망이 걸려있는 매우 중요한 일이므로 여러 가지를 철저히 따지지 않으면 안 될 것이다.

큐브핵심단어　　　　**핵심단어 정리내리기!**

*오늘의 핵심단어 결정하기!

그리기
Drawing

핵심단어

[

]

[

]

〈문장〉으로 주제어 정리하기!

[

]

씰 아카데미 - 자기생각 정리하기!

STEP 10. 손자병법 - 시계편

코칭 및 체험을 통해 정리된 내용을 자신의 문장으로 정리해 봅니다.

토론을 통해 느낀 것   내 비전과 연결하기   일상에서 실천할 것

지속성을 키워주는 창의이미지언어
승리에 필요한 끈기를 키운다!

CIL 코칭 - 우화

피리부는 어부!

-핵심단어/문장
-3 Image

인디언 SOUND

직관 – 빨강(영혼)

피리부는 어부

피리를 잘 부는 어부가 피리와 그물을 가지고 바다로 갔다.

툭 튀어나온 바위 위에 자리 잡고 서서 그는 먼저 피리를 불기 시작했다.

고기들이 달콤한 소리에 이끌려 자진하여 바다에서 자기를 향해

뛰어오를 것이라고 믿었다.

그러나 아무리 애를 써도 아무 소용이 없자

그는 피리를 놓고 투망을 집어 들었다.

그러고는 투망을 물속에 던져 고기를 많이 잡았다.

그는 고기들을 그물에서 꺼내 바닷가로 던지며 고기들이

파닥거리는 것을 보고 말했다.

"고얀한 녀석들 같으니라고. 내가 피리 불 때는 춤추지 않더니,

피리를 멈추니까 뛰기 시작하는구먼!"

큐브핵심단어	핵심단어 정리내리기!

[핵심단어 융합하기!]

[   ]

그리기
Drawing

정리된 생각과 감정   내 비전과 연결하기   일상에서 실천할 것

씰 아카데미 - 자기생각 정리하기!

STEP 11. 피리부는 어부

코칭 및 체험을 통해 정리된 내용을 자신의 문장으로 정리해 봅니다.

토론을 통해 느낀 것

내 비전과 연결하기

일상에서 실천할 것

12
STEP

CIL 코칭 - 평가 & 분석
CIL Posttest

-검사지

유럽 거리연주

생각 – 회색(몸)

<씰CIL 연구소>의 성장을 위한 자기발견

창의이미지언어 CIL TESTING
CREATIVE IMAGE LANGUAGE CIL Testing

소 속	-학교명: 학년: -회사명:
이 름	-
생년월일	- 년 월 일 - 남 ( ) 여 ( )
이메일	-
주소*전화	- - 010.
검사일	- 년 월 일

각 문항을 읽고 여러분의 생각과 가장 일치하는 항목을
골라서 응답해 주시면 됩니다.

C.I.L. Academy
창의이미지언어로 리딩하라!

Ⅰ 가장 가까운 부분에 ○표해 주세요

----

1. 나는 글을 읽으면서 그림을 생각한다.

   1)전혀아니다   2)아니다   3)보통이다   4)그렇다   5)매우 그렇다

2. 나는 단어를 듣고 몸동작이나 행동으로 표현할 수 있다.

   1)전혀아니다   2)아니다   3)보통이다   4)그렇다   5)매우 그렇다

3. 나는 생각이 많아 힘들다.

   1)전혀아니다   2)아니다   3)보통이다   4)그렇다   5)매우 그렇다

4. 나는 친구들에게 이야기 할 때가 더 좋다.

   1)전혀아니다   2)아니다   3)보통이다   4)그렇다   5)매우 그렇다

5. 나는 재미난 이야기를 듣고 친구들에게 말한다.

   1)전혀아니다   2)아니다   3)보통이다   4)그렇다   5)매우 그렇다

6. 나는 그림을 보면 글을 쓰고 싶어진다.

   1)전혀아니다   2)아니다   3)보통이다   4)그렇다   5)매우 그렇다

7. 나는 한가지 물건으로 여러 가지 활용방법을 생각한다.

   1)전혀아니다   2)아니다   3)보통이다   4)그렇다   5)매우 그렇다

8. 나는 같은 상황에서 다른 사람들보다 많은 아이디어를 생각한다.

   1)전혀아니다   2)아니다   3)보통이다   4)그렇다   5)매우 그렇다

9. 나는 다양하고 폭넓은 사고를 한다.

   1)전혀아니다   2)아니다   3)보통이다   4)그렇다   5)매우 그렇다

10. 늘 가던 길이 편하다.

   1)전혀아니다   2)아니다   3)보통이다   4)그렇다   5)매우 그렇다

C.I.L. Academy
창의이미지언어로 리딩하라!

11. 나는 기발하고 독특한 아이디어를 갖고 있다.

    1)전혀아니다   2)아니다   3)보통이다   4)그렇다   5)매우 그렇다

12. 예상할 수 없는 것들을 예상하면 즐겁다.

    1)전혀아니다   2)아니다   3)보통이다   4)그렇다   5)매우 그렇다

13. 나는 호기심이 많다.

    1)전혀아니다   2)아니다   3)보통이다   4)그렇다   5)매우 그렇다

14. 나는 애매한 퀴즈를 풀 때 정확한 한가지의 답을 찾는다.

    1)전혀아니다   2)아니다   3)보통이다   4)그렇다   5)매우 그렇다

15. 나는 다른 사람과 어울리는 시간이 적다.

    1)전혀아니다   2)아니다   3)보통이다   4)그렇다   5)매우 그렇다

16. 나는 항상 친구들에게 정답을 제시한다.

    1)전혀아니다   2)아니다   3)보통이다   4)그렇다   5)매우 그렇다

17. 책을 통해 많은 아이디어들을 생각해낸다.

    1)전혀아니다   2)아니다   3)보통이다   4)그렇다   5)매우 그렇다

18. 때때로 기발하고 독특한 아이디어는 나를 힘들게 한다.

    1)전혀아니다   2)아니다   3)보통이다   4)그렇다   5)매우 그렇다

19. 나만의 세계를 구축하는 것이 두려울 때가 있다.

    1)전혀아니다   2)아니다   3)보통이다   4)그렇다   5)매우 그렇다

20. 나는 주변사람들에게 황당한 질문들을 많이 받는다.

    1)전혀아니다   2)아니다   3)보통이다   4)그렇다   5)매우 그렇다

C.I.L. Academy
창의이미지언어로 리딩하라!

21. 나는 문제가 생기면 누군가를 찾는다.

> 1)전혀아니다   2)아니다   3)보통이다   4)그렇다   5)매우 그렇다

22. 꽃과 나무들은 좋은 대화친구이다.

> 1)전혀아니다   2)아니다   3)보통이다   4)그렇다   5)매우 그렇다

23. 나는 다른 사람에게 이야기하는 것을 좋아한다.

> 1)전혀아니다   2)아니다   3)보통이다   4)그렇다   5)매우 그렇다

24. 나는 하고 싶은 일만 잘한다.

> 1)전혀아니다   2)아니다   3)보통이다   4)그렇다   5)매우 그렇다

25. 친구들의 이야기는 대부분 끝이 재미있다.

> 1)전혀아니다   2)아니다   3)보통이다   4)그렇다   5)매우 그렇다

26. 남의 일이 내일처럼 생각된다.

> 1)전혀아니다   2)아니다   3)보통이다   4)그렇다   5)매우 그렇다

27. 나는 즐거운 놀이로 친구들과 함께 보낼 생각에 즐겁다.

> 1)전혀아니다   2)아니다   3)보통이다   4)그렇다   5)매우 그렇다

28. 친구들과 싸우면 먼저 사과한다.

> 1)전혀아니다   2)아니다   3)보통이다   4)그렇다   5)매우 그렇다

29. 세상엔 해결 못할 문제가 많다.

> 1)전혀아니다   2)아니다   3)보통이다   4)그렇다   5)매우 그렇다

30. 상상속에 있는 내 모습은 자연스럽다.

> 1)전혀아니다   2)아니다   3)보통이다   4)그렇다   5)매우 그렇다

C.I.L. Academy
창의이미지언어로 리딩하라!

31. 나는 섬세하다.

    1)전혀아니다   2)아니다   3)보통이다   4)그렇다   5)매우 그렇다

32. 친구들은 내 유머에 모두 웃는다.

    1)전혀아니다   2)아니다   3)보통이다   4)그렇다   5)매우 그렇다

33. 나는 낙서할 곳을 찾는 습관이 있다.

    1)전혀아니다   2)아니다   3)보통이다   4)그렇다   5)매우 그렇다

34. 나는 모든 면에서 활발하고 적극적이다.

    1)전혀아니다   2)아니다   3)보통이다   4)그렇다   5)매우 그렇다

35. 좋아하지 않는 것에는 관심이 없다.

    1)전혀아니다   2)아니다   3)보통이다   4)그렇다   5)매우 그렇다

36. 내 생각을 들어주는 친구들은 많다.

    1)전혀아니다   2)아니다   3)보통이다   4)그렇다   5)매우 그렇다

37. 세상에는 불평등한 것이 많다.

    1)전혀아니다   2)아니다   3)보통이다   4)그렇다   5)매우 그렇다

38. 문제가 생기면 새로운 해결 방법이 바로 떠오른다.

    1)전혀아니다   2)아니다   3)보통이다   4)그렇다   5)매우 그렇다

39. 변화하는 것만이 좋은 것은 아니다.

    1)전혀아니다   2)아니다   3)보통이다   4)그렇다   5)매우 그렇다

40. 나는 질문이 많은 친구가 좋다.

    1)전혀아니다   2)아니다   3)보통이다   4)그렇다   5)매우 그렇다

C.I.L. Academy
창의이미지언어로 리딩하라!

41. 나는 상황마다 적절한 유머들이 떠올라 잘 사용한다.

　　　1)전혀아니다　2)아니다　3)보통이다　4)그렇다　5)매우 그렇다

42. 나는 일상생활에서 아주 작고 사소한 부분으로 힘들어 한다.

　　　1)전혀아니다　2)아니다　3)보통이다　4)그렇다　5)매우 그렇다

43. 나는 철저히 준비해야 마음이 놓인다.

　　　1)전혀아니다　2)아니다　3)보통이다　4)그렇다　5)매우 그렇다

44. 나는 좋은 말을 들으면 종이에 적는다.

　　　1)전혀아니다　2)아니다　3)보통이다　4)그렇다　5)매우 그렇다

45. 나는 오래 걸리는 일보다 빨리 끝내는 일을 좋아한다.

　　　1)전혀아니다　2)아니다　3)보통이다　4)그렇다　5)매우 그렇다

46. 계획대로 움직이는 것은 즐거운 것이다.

　　　1)전혀아니다　2)아니다　3)보통이다　4)그렇다　5)매우 그렇다

47. 나는 침착하지 못하고 산만하다.

　　　1)전혀아니다　2)아니다　3)보통이다　4)그렇다　5)매우 그렇다

48. 나는 혼자 생각하는 시간이 많다.

　　　1)전혀아니다　2)아니다　3)보통이다　4)그렇다　5)매우 그렇다

49. 작은 차이는 큰 문제가 되지 않는다.

　　　1)전혀아니다　2)아니다　3)보통이다　4)그렇다　5)매우 그렇다

50. 꼼꼼한 작업은 다른 친구들이 해주면 좋다.

　　　1)전혀아니다　2)아니다　3)보통이다　4)그렇다　5)매우 그렇다

C.I.L Academy
창의이미지언어로 리딩하라!

51. 나는 뭔가에 푹 빠져 있을 때 친구의 말을 못들을 때가 있다.

1)전혀아니다   2)아니다   3)보통이다   4)그렇다   5)매우 그렇다

52. 나는 새로운 것이 아니라도 호기심을 갖는다.

1)전혀아니다   2)아니다   3)보통이다   4)그렇다   5)매우 그렇다

53. 나는 학교/직장에 갈 때 늘 같은 버스를 탄다.

1)전혀아니다   2)아니다   3)보통이다   4)그렇다   5)매우 그렇다

54. 나는 도전 정신(모험심)이 강하다.

1)전혀아니다   2)아니다   3)보통이다   4)그렇다   5)매우 그렇다

55. 나는 새로운 곳을 돌아다니기보다 늘 가던 곳에 가는 편이다.

1)전혀아니다   2)아니다   3)보통이다   4)그렇다   5)매우 그렇다

56. 배운 것을 다양하게 응용하기보다는 꼭 맞는 곳에 적용한다.

1)전혀아니다   2)아니다   3)보통이다   4)그렇다   5)매우 그렇다

57. 하나의 문제에 정확한 답 하나면 된다.

1)전혀아니다   2)아니다   3)보통이다   4)그렇다   5)매우 그렇다

58. 나는 말재주가 뛰어나다.

1)전혀아니다   2)아니다   3)보통이다   4)그렇다   5)매우 그렇다

59. 나는 내성적인 친구들이 좋다.

1)전혀아니다   2)아니다   3)보통이다   4)그렇다   5)매우 그렇다

60 급한 문제일수록 천천히 해결해야한다.

1)전혀아니다   2)아니다   3)보통이다   4)그렇다   5)매우 그렇다

C.I.L. Academy
창의이미지언어로 리딩하라!

61. 그림을 보고 떠오르는 생각을 적어보세요. [제한시간 3분]

1. _____

2. _____

3. _____

4. _____

5. _____

6. _____

7. _____

8. _____

9. _____

10. _____

11. _____

12. _____

13. _____

14. _____

15. _____

16. _____

17. _____

18. _____

19. _____

20. _____

C.I.L. Academy
창의이미지언어로 리딩하라!

62. 일상에서 **"만질 수 없는 것"** 하면 떠오르는 것들은 무엇일까요. 생각나는 것들을 모두 적어보세요. [제한시간 3분]

1. _____

2. _____

3. _____

4. _____

5. _____

6. _____

7. _____

8. _____

9. _____

10. _____

11. _____

12. _____

13. _____

14. _____

15. _____

16. _____

17. _____

18. _____

19. _____

20. _____

C.I.L Academy 창의이미지언어로 리딩하라!

63. 눈을 동그랗게 뜨고 30초간 아래 곡선을 바라보세요.
   그 안에 숨어 있는 캐릭터를 찾아 빈칸을 채워보세요. [제한시간 3분]

캐릭터이름 _____   사는 곳 _____   나이 ____

성별 ____   성격 _____

C.I.L. Academy
창의이미지언어로 리딩하라!

64. 눈을 동그랗게 뜨고 30초간 아래 직선을 바라보세요.
   그 안에 숨어 있는 캐릭터를 찾아 빈칸을 채워보세요. [제한시간 3분]

캐릭터이름   사는 곳   나이

성별   성격

C.I.L. Academy
창의이미지언어로 리딩하라!

65. 눈을 동그랗게 뜨고 30초간 아래 삼각형을 바라보세요.
   그 안에 숨어 있는 캐릭터를 찾아 빈칸을 채워보세요. [제한시간 3분]

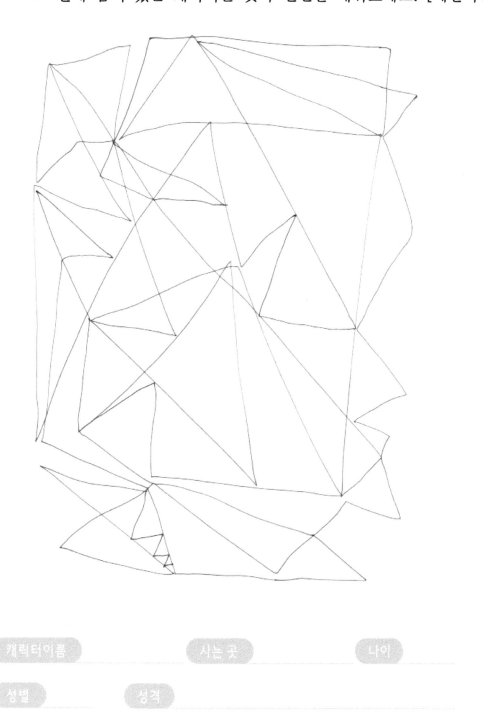

캐릭터이름   사는곳   나이

성별   성격

C.I.L. Academy
창의이미지언어로 리딩하라!

씰(창의이미지언어)코칭
CIL FOUNDATION STEP(12W)

발행일 : 2020년 9월 1일

지은이 : 장태규대표

편찬 : 사)청소년아이프랜드

발행 : 도서출판 아이펀

정가 : 20,000원

www.eduifun.com / www.cilschool.org

ISBN : 979-11-971260-0-0

구매문의

Tel : 02-715-6755 Fax : 02-715-6756